応用精神学

堀之内　武

南方新社

精神は
毛頭ほどの代価も要せず
無償で得られる

装丁　大内喜来

まえがき

ドイツ観念論は、世界で、最も、進歩している学問として注目される。精神学ほど私の気を魅きつけるのは他に無い、というのは、それは、人間の本源を究明して止まないから。

何と言っても、この学問は、不可能を可能にするような期待性のものと言っても過言でない、永遠的に、理念として、考求されるべき。観念性・抽象性を、絵画風具象性へ。

このようなとき、精神が行動する、とは、精神という知性が自分の思惟で素材へ向かうのをいう。

応用精神学——目次

第一章　主観精神

第二章　客観精神

第三章　段階的精神

第四章　絶対的精神

応用精神学

第一章　主観精神

一

精神の認証は、最も、具体的な認証となる。ただ、具体的というのはあまりにも、それが、私達の身辺に無限にあるからこそということの裏がえしにすぎないが。

ゆえに、それだからこそ心の知にとって最も困難な認証であった。

ここから、とわの表白すなわち永遠に息づくあるべくしてある真相に近づこうとする心の知による知性と理性を、心の知の活動は、自分の背におぶっている。

二

精神の形而上学的証明は、最も、具象的で最も発達した実態である、がただ絶対的精神のみでなく、現時点における有限な精神、すなわち、主観的な精神も心の知の実現として中途における理念の実現として結実の立証の立場からとらえられるべきである。

生きて活動する進展と実現の過程で定立するときのみ、とわの理念の模型とするときのみ、真に、精神という概念は、形而上学的になる。

三

精神のほかならぬ自分に対する至上命令は、その時その時における最善の死力を尽くしての自己表白にあった。このことの困難さが、すなわち、とわに自身を磨き達成しつづけるという自己真実存・自己真現在という形而上学的なうたがう余地のない、心の知の知性というとわに息づく生命体、の実相である。

この理由から、とわに錬磨し陶冶しつづけるという、心の知の現象をのぞいて他に形而上学的精神の真相はない、といっても過言ではない。

四

心の知の精神は、あくまで、人間学的なもので自身の概念を立証するとともにこの自己認証によって精神自体の実存を自身の絶対的定義によるものとして自らを位置づける。

自己の概念の認証は自己認識であり、この表白のなかで、人間的思念に無限者としてある全ての霊と魂に対して、精神は、自由な関係をもつ。精神の絶対的無限性は、それが、概念をとわに形成し生成しつづける真実在でもある。

五

精神は、対象という素材にむかいそれに対立し自己の理性の思惟で自然性という永遠で安定した発展という絶対性の実存を、この心の知という知性は表白する。精神の永遠体は、とわに生成流転する全ての精神を陶冶しつつ否定の否定という連続的活動体である。

自由な精神は、発展性という可能性を秘めつつ形象性と具象性を確立する当為者でもある。

その時々の個々の生命の永続的あり様を断片的にでも宇宙の一画にキャンヴァスに表白できれば、それも、精神の絶対的無限性の概念、すなわち、輪郭の表白となる。絶対的無限性はとわの生命体をのぞいて他にない。

心の知の展開は永遠に進展して止むことを知らない現在進行形という現在する知性の思惟である。事象に対立するとは、いわば、主観が客観にむかい外化し、そして、ふたたび自己の内像にたちかえり復帰するという内化によって自己と他者との統一の起点となる。

ゆえに、精神が自己の他者をすてつつとわに発展しようとする真摯な実体こそが、絶対的無限性、である。

六

心の知の精神は、抽象的で観念的ではある。だからといって、それに盲従し追従するのは、よけい、当を得ない。精神の形而上学的立証は、最も、具象的で具体的な実像の表白となるべきである。

この理念が、自己自身を具現するとは自身の思念が想像と想起の往復により、すなわち、外化と内化の反復で自己の内像をとわの精神の命脈として完成させる、にある。この困難の克服が、いつも、この精神につきまとう。

絶対的精神は、ただ、最終的に目標として置かれるべきもので、心の知は、それのみを追うのではない。有限な精神と主観的な精神こそ、現在進行しつつあるもので、知の知性は、自己のこの両者を、今、ある最良のものとして思惟しつつ生成し今日の限界点にある精いっぱいの絶対的概念を表白する。

日々の有限的精神と主観的精神によるこの概念性形成なしにはとわの精神も得られない。

天地万物のなかで、自分を、思惟するのは絶対的無限性を希求する自分の自由な精神に与えられた心の知の特権である。ゆえに、自分を阻害するような全くの他者は精神には現在しない。自分が対立し対向すべきものこそが無限性のものとなり形而上学的意義をもつ。
自由それ自体は、いわば、とわの精神の実在体の内容である。

七

人としての真実の本源は、宇宙と対立する心の知による遠大な人間的性状にみられる。心の知性は、ゆがめられない純粋さによって知による思念の思惟で直感される遠大な精神的現象は、ただ、永遠性の性状を有する神的な理念性の理性からのみ発する。

精神史上における重要な事象は、想像や瑣末な意図による、のでなく永久的な視点による思念の思惟による結実である。

抽象的悟性形而上学に類する心霊学と合理的心理学も精神学にはちがいない。でも、論理的な構成は確立されていても千差万別に流転しつつ各種各様にとわの安定態として実存しようとする宇宙の諸相を語る、には能力不足となる。

全ての事象という素材に対立し外化と内化という心理的機能で自己の内面・内像を陶冶しそれにより主観と客観の互換性を図りそれらの統一をなす、のがこの現場に位する経験心理学である。

或る真に生きた統一性という心の知の精神が有する自己感情は、当然、この統一に離反するような諸力の集合体として各々を再分解してそれらに独立性の能力を付与するような逆行を拒否する。でも、あくまでそれは発展途上での統一体なので各個・各要素から生ずる諸対立、この精神自体の自由と断定的に決定されるというのに関する対立、が生ずるのは必至となる。

八

心の知の精神は基本的には外接性の肉体性を帯び観念性のものへと転化する。この肉体性は、さらに、自然の万物の固体性でもあり、この弁証によって、全ての精神の命脈として相通ずる。いわば、精神が拠って立つ帰結するところの根源ともなる。とはいっても、この観念性は、細胞分裂をおこしたかのような一個の独立した、自由、という実存である。いつまでも、肉体に付着する精神は劣悪なものとされる。

それでも、具象化という表白において、ふたたび、固体化というような三次元・四次元という世界に、精神は、赴く。

心の知の精神は、個別性・特殊性を克服しその時その時の有限な思惟を脱却し、いわば、主観という静止的で自己主体的な基体をはなれ自己意識という固着性をもはなれ見えざる素材との闘争へ、この精神は、むかう。

精神は自己をかりたてる現在的、発展的理念として、旧来の自分を区分しつつ必然的で進歩的な事象の表白を図る。

精神の永続性・永遠性は、あらたな主観を表白し、いわば、自己が自身を産出し、そして、あらたな客観を産出し自己が自身を止揚しつつ不要な自己の他者を切りすて不要な自己の主観をも投げすて、それによって、主観と客観の統合を図る、にある。

経験的精神学の行きつく所は、精神の或るひとつの世代、若しくは、精神の世代のくりかえしを通じてのさらなる生長への飛翔、を除いて他にない。

必然性の決定性の。

対象たる素材が、心の知の経験によって与えられ、かつ、それが今までの発展的な普遍的定義によって表面的にでも外接的にでも概念的進歩的主観の表白として永続的客観に結果するものとして関連するとされるなら、それは、経験精神学に依る。心の知性は、単なる個別者・特殊者・可能性らしきものを秘めている主観という域をこえて永遠の精神を基礎とする意識との自覚のもと必然性でもって自分を自分の内側からとわの理念、をつくるものとされる。

このように、絶対的必然性というようなものは、心の知性という思弁的思惟にとって自分が自分を支えるひとつの原動力、である。

九

心の知における精神は、今日の実存に関しては有限性で今日という極限状態の理念の認定性は有限性にならざるをえない。それにもかかわらず、明日からは、さらに日々の有限性という決定性を超克し精神形而上学でいう理念は出立時の自立的な個別者・特殊者、一般者を克服し精神の理性を自己自身を知る現在的理念、として現在させる。

精神の永続性はうたがう余地のない必然性という進路であって、この途上において、それは絶対的絶対知に達するの他ない。

この精神における個別特殊なものは主観に属し日々の経験的なものは、部分的なのは消失し他の一部は発展的な法則により自分はこうこうという確実性というか必然性のルートにのって自分の特殊な思想・概念の応用で永遠性という絶対性の内容へむかう。自分の他者をすてながらの自己統一と、そして、自分の全ての対象とそれの進展を、自分の内部からの思惟を加味しつつの外化によって自己完成へ結果させるのが、とわの精神への第一歩となる礎石でもある。

このように、生きた精神は、対象という真実在の様態と自分との間に区分をもたないという安易さのなかにいる、しかし、実際にはこの妥協性の観念的な区分から離脱し現在的・現実的区分まで自意識を発展させながら、部分性・単純性をすてて、自分は自分を全体にする。

この可能性としての全体への際限なき近接の姿が、精神形而上学にいう精神である。トータルな学問として即決性をすて、そして、総体的な目標とそれの結実は永遠につづく産物として、精神形而上学は、心の知の精神の眼前に設定される、事実としてあるもの生活してあるもの有機的なもの体系的なものの構造的・構成的なものが、それらの理念として総体の精神として自分の精神に開示される。

このような見識にもかかわらず、合理的心理学と経験心理学は、それでも、結果をいそぎ、やや早計の精神学というジャンルに甘んじた。

一〇

心の知という精神の真実態は、ただ、単に朝起きたてのような自然性としてあるのでなく、この知性という精神による概念の自己完成という過程として思考され位置づけられるとき、のみである。このように、真実態とは、まさに心の知の精神が生きて活動する真実態として現実的姿で、対象という素材に、むかいこうあるべきだという一致点の様態、いわば、概念のときとなる。

直接態・外接態において、精神は、日々の自己の概念を止揚し定義していく。

二

区分とは、精神・自分がもつ自分の多種多様な自分の他者、となる。

自然性としては、心の知という精神は、思念的・観念的な、まだ、真実に発展していない区分を有するに過ぎない。このような精神の現在は区分をもたないという矛盾のなかにいる。発展している区分なら良いが。

区分とは、いわば、自分の知性における主観的な面と客観的な面との区分となる。精神の知覚を自覚として、この区分を意識し素材と語らいつつ自分の不要な他者をこの区分の本領によってすて、精神は、自己完成へとむかう。

精神の発展段階とはいかなるものか。それの本源は、具象的であるため、かえって、特別な困難がある。精神の概念の発展の時、特別ないろんな段階と定義は、精神のさらに深い諸成立ののちに、かつ、それらに対応して同時にいろんな特別な現実現在として残らないという困難がある。

でも、この克服は、より深い諸生成の記録を起点にして、自分の記憶を逆行させる、の他ない。

心の知での精神の有限性は、自分の可能性という期待のなかで、そこでの制限とそこでの無限性という時間と空間という形式で、いわば、条件下での考察で対比される。

精神の有限性は、精神の進展で過程での或る決定性ともなる。精神の生成は、その時々の進展に即しての説明で表白するものとしての決定性・定義性となる。ゆえに、精神の進行での諸状況・諸証明は自明なものとしてのそれの発達段階に応じての諸契機による。契機はチャンスである。それらは、最重要な発展段階にそなえての心の知の思惟にとっても基体でもある。

より重要な精神性は、かねての平凡で観念的なものの上に心の知の感覚・知覚に体験として現出する。

心の知の自然的覚醒とは、知性の意識・思惟が、さて、今から素材へと出立し自己の思念を、いよいよ、対象へ集中し外化によって客観を取得し、そして、ふたたび、自己に立ちかえり、いわば、内化によって自分の主観・内像を普遍性へと転化し止揚するの原点、をいう。

二

静止的な自然的覚醒のときは、意識を予定し、精神混乱のときは、悟性を整序して、自分の知性は、自分の精神活動を全きものとする。

さて、精神の位置づけはどのようなものか。

精神は人間精神でありそれの概念・構造は人間の肉体をも疎外し全ての外接的精神へ対向する、となすのは本末転倒である。あくまで、人間も自然の一員としてあり、ここから、精神は、自然を基体とし誘因とするから全ての自然のものを包含、する。

にもかかわらず、ここにおいてすでにこの自然からも遊離する実存、となる。

と同時に、この自然は、人間学でもさすがに埒外とされかえりみられない。

自然からの絶対的優先者である精神は、自然の真実態ではあっても自覚・知覚としては対自現在へ達した理性、である。いわば、それがめざす、でありたい、とする客観が主観と同じ概念構造にひとしい知性、とされる。

自分の概念は、すでに、完成している。自然は消滅しておりそれから一歩ぬきんでた、概念は、自分の十全な客観態をもつが主観と客観との統一は等質性・合体性として、否定の連続という永遠の絶対的否定、となる。

精神は精神であるとはいかなる者か、精神は、他者を知るのでなく自分を知る者、である。永遠の自分を生成しようとし、そして、永遠の自分を究明しようとしそれを知ろうとする、ゆえに、精神は、絶対性の単数でありひとつの命である。

他者を取得し、そして、自分へと内化する、他方、他者と対面し、そして、他者へと外化する、両者ともに自分の陶冶であり不要な自分をすてるのが自分、である。

ゆえに、永遠の絶対的否定性が、精神の本性である。

精神の基体をとらえ、それが、生きて活動する本源的本性を説きあかしたものが、精神の概念となる。この仕組み、いわば、成立としての骨格は、概念・現在的理念・論証的理念・普遍的概念として、精神の自己進展という結実の姿、で描出される。

自己を知り自己を極限に止揚するのが、精神の現在、とされる。

この時、精神は、ただ、基礎としてありこのうちにある、論理的理念と外接的自然、が先行し相対立しつつ相互にたたかう。

一三

自然の自然性は、あるべき姿としての、現実存在、となる。しかし、何らかの他者との誘因でこの現在がうつり、表象がゆらぐ永遠性の象徴である。人間学からはなれても、それは、ひとつの自由な独立存在という精神、である。ゆえに、外接的なものとしての心の知の精神に、先行する自然、である。

出立の単なる概念による論証的理念は、それゆえ、このなかに包含する人々一般に属する。自然の重圧に左右されない、ただ、単なる可能性としての思惟作用、である。

一四

単に、精神の可能性にすぎない、というのは何か。あくまで、それは、永続性という自然の自然性を精神自らの能力でおよぶかぎりの尽力で実現しようとする期待値、となる。

そういうわけで、自然は、絶対的実在という独立性、である。

いまだ、人々の精神は、自分本位制、でそれと対立するような対抗できるような者ではないがこの完成の独立の自然性に、この未発達の心の理性が、接近をこころみる。

一五

現実的・現在的精神こそが、基体であり永遠の理念への概念へと進展する。永遠への過程は、たえまない自己否定の否定という発展である。ゆえに、心の知の概念は、予知的にも、或る程度に構成された理念の思念をもつべき、となる。それで、心の知の可能性それ自体が、絶対的永遠性、という意味をもつ。

とおなじく、永遠性の自然という自然性も安定的なものとして外面性に起因する外化に必須の対象・素材である。

自然の概念が、展開されるとはいかなるものか。個々のひとまとまり各個の様態、そして、各々の観念が呈する象徴となる。それらの諸区分は、相互に対して自立的な現在、である。全体的には、根本的統一によって結合され、自然は、表白される。

それゆえ、いかなる現在も、他の現在がなければ現在しない。ゆえに、個々は、他の個々にとって、外面的、である。

自然では自由が支配するのでなく、必然が、支配する。しからば、その必然とはどのようなものか。それは、個の現在が全体での相互外在でもつ自分ではどうしようもない宿命と運命の現在、だ。

自然は、全体的で体系的であっても、確かに、個別的には独立してもいる可視的なものは、当然、具象的となる。個体的・肉体的なものも、少なからず精神を含み精神という局面性をもつ。太陽系のそれ自身と多くの遊星の相互にこの要素が発見される。

だが、観念的・抽象的なものは、この体系からはなれる。このとき、形而上学的精神は、風、を宇宙の一員として見えざる宇宙の体系にとりいれる。

一六

動物の主観性は、矛盾をもつ、矛盾は精神の不安定となる。たとえば、空腹やら危険はこの要因となってそれの回復は精神の安定となる。自己保存は、主観の特権で精神の特権である。しかし、人として感覚し知覚するものは、自分の内容が定義され種々に区分された自分の知性の分脈となる自分の他者をもつ。

統一性という連続性は、あらたな矛盾の発生となって否定の否定という過程、となる。

自己内の精神の区分は、当初は、あるべき統一性に反する曖昧なもの、として措置されている。心の知のいろんな他者は、自分の分身として、永遠の可能性、を秘める。

当初の区分は、あやふやで不合理な区分となる。区分でない区分となる。いわば、心の知の精神が確証を得ていない断定的でない区分である。

このように精神の進行で、過去進行形は、自己体験による、不完全な生成、となった。現在進行形は、いつも、対象という素材に対立しつつも発展して止まない生成、となる。そして、未来進行形は、永遠という未来へ期待をつなぐ確証に近づく生成、である。

ゆえに、自己内における種々の区分は、自己における諸々の他者を進展させつつ、かつ、不要な他者を捨てつつの発展性と自己内統一性、である。

一七

自然は、全体の自然のなかに、或る肉体性、としても現在するし生死流転を反復する。この時、死では独自的に現在する普遍性もしくは普遍的な個別性、いわば、自身を素材とする主観性、を生産しない。

ゆえに、肉体性においては、自然は、それの概念・思念は自己の知の心的な実質に類する現在態、には至らない。

それで、自己における現在の外接性と有限性の克服は、人の精神によりなされる。それによって、自然一般から区分された、この精神は、自己本来の現在・真実存に達す。

一八

自然の一員という個別性・区分性での精神は、主体的・自立的で自主的な、個、という概念の心の知という理性、だ。

肉感的には、概念、はボディであり、いわば、しくみ・なりたちである。ゆえに、基体としての本源的な可能性を秘める思念の概念という観念性の知性、が心の知の精神だ。

この観念から、いつも、外接性の思念という思惟として永遠の理念の玉座へと、知性という理性は向かう。

でも、このような個からの脱却性こそ、絶対性という統一体、への第一歩だ。対面交通の形式での外面的な素材に向かってのこの外化と内化という精神の発展過程、こそが精神の完成だ。このようなとき、有限性と個別性を廃棄し克服しつつ統一ある絶対的無限性へと、精神は、生成される。

対象の素材が語るのを自己の思惟がとらえ普遍的なものに消化し内化し表白する。それは、小宇宙というキャンヴァスに或るドラマとして観念化し描く、にひとしい。それで、ひとつの永遠性の道標が完成すれば未来への布石となって、この一段階が結果する。

いつでも、観念化は、或る精神的なドラマティックな絵となって精神の概念構成、を強化する。

一九

当初の重要な定義として、精神は、自身となる。当然、最小単位で単純であり、自身は、個別的である。でも、万人各人が自身なので、単に、基体的な普遍性、としてある。

この時、自己の生命体さえ捨象するから、自身は、普遍性を構成する。捨象は、このように抽象の観念化の時、真に、当座の自身の抽象にかなうものとなって、他の雑多な抽象を、自分はすてる。

二〇

自然は、肉体性と精神性である。肉体性は、河の水が流れるザアザアであって山の木のざわめきのゴウゴウとなる。そして、このようなものから発散するものもイメージとなって抽象化される。この転化される、いわば、抽象化の進行は、観念化の成熟であって精神の完成である。

或る目標に向く精神は、この道すがら自分の雑多な他者を捨象しつつ、ならびに、素材の種々の抽象を選択しつつ、自己の観念化を完了する。

捨象は、不要物の棄却、となる。

身体と精神は、どう、かかわりあう、か。

身体という肉体は、複合性とされるが、精神は、単純性である。にもかかわらず、精神は、自己内で区分されこのなかで自身は自身と対立する。観念的であって具象的でない区分から自己の他者をすて自身との統一へ、自分は、回復する。自身が区分作用のなかにいても、自分は、無限性だ。そこで、有限な思惟として自己の表白活動で全てのものを統一する神性の無限性の神力へ、自分は、至る。

この作用は、理性として素材のなかで、いかにして、永遠性が描出されるか、である。

自分の表白の無限な雑多性とは何か。それは、精神にとっての限りない可能性の解決が未来へ託されている、のを暗示する。いつも、自己の生成は、自分の否定の連続の道程だった。

絶対的無限性は、精神の永遠性の図式だ。

時間的・空間的相互外在へも、自分は、足をはこばない。あくまで、それは自然という全体だ。

ここから、自分の内面性という基体から発芽するのが精神だ。

身体・肉体は、複合性となる。しかし、精神も、光源から発する光のように単純ではあるが自己内で区分されている。自身は、自身に自分を対立させ、自然性で抽象性の自分を基体、とし自分の他者を捨て内化により具象性の統一へと結果する、素材という他者に対面しつつ自身とも対立しつつも他者に埋没せず自我と他我との調和のなかで、自分の無限性・観念性は、自我の完成をなす。

心の知という有限な精神は、出立する進行形の今日の知性である。有限性とは、即座に自分を表白し完成させる即決的な定義性である。ほんとうは、無限の存在であるべき自分が、今日の姿として決定性を持つのが、ここでの有限、である。かかる条件下で、素材は、自分の内面性という空間にもたらされ、今度は、外面性として自分の目に映る素材の面皮をもすて、自分は、自身に内化する。

ここから、素材に含まれる絶対性の統一は、今日ある神性という安定態をのぞいて他にない。

表面的にも実質的にも、この素材が、絶対性の独立性でもって自分という精神にたちはだかるなら、当然、それを、自分は取得するべきである。

二一

いつでも、心の知は素材と対立する。この対立は、止揚され自分へ回帰する。でも、種々に区分された雑多な萌芽・契機の捨象により自分への内化を完了し、必然の絶対的統一が、もたらされる。否定の否定という日々の活動形式においてすら、絶対的な真実態は、今日の自分の真実態、いわば、安定態にかなうものである。

このような精神の本源は、形而上学での本旨、であって個々の心の知は日々の俎板の上に載せる必要のない真実態、である。

二二

かねての心の知の精神は、自然性でクリアとなる。あれこれと画策しない、いわば、いつでも自分は、出立できる。とはいっても、形而上学的な心の知による知性は、永遠の安定態に視点を置くべき、となる。このように、心の否定の否定という方向性こそ絶対的無限性であり、真の精神の現在態、だ。

精神の完成は、ついに、終りなき、神性、に託される。

それで、通常の精神は、日々における最大限の進歩にとどまる心の知性にかかわる理念の結実、にとどまる。

心の知の精神は、いつも、活動している。自己を自己から区分して、そして、自己の他者を新たに定義しそれを止揚しながら、単に、普遍的であるのをやめ自身が単独性であるのもすてて、精神は、自身に対立して在る外接的な自然、に永遠性という輪郭を付与する。

このような帰結で、自然は、自分が生んだ自身の分身ともなり他我となる。

ゆえに、精神の絶対的無限性は、自身の抽象の他者を捨象する一方自身の抽象の他我を生成しながら自身に回帰する、に在りこの演繹で自己と素材との統一へ、自分は、進行する。

精神は活動する、素材も活動する、自然全体のなかで、両者は、相互に独立的にふるまう、もしくは、対面する。

自然は、永遠性、ならびに、流動性で安定性を志向する。

このような状況で、精神の理念的な活動は、自己自身のなかで活動的な対象へ進む。自分が正に描こうとする普遍性にかなう対象それ自体が、自分のなかで活動的な対象、である。

心の知の精神は、自然を観念化する。その語っているのは、自体の精神ともなり素材そのもの、ともなる。はたして、精神には、優劣があるか。こんな問いのとき、知性という精神は、対象と対面して外化して、さらに、自分の内像に内面化して内化をはたす。

ただ、自然は、いつでもいつまでも全体としてとどまるもののみ、ではない。

こんな時、自然の相互外在が、互解し、そして局面的なものが切りとられる。自然の実体となる概念・通念が自由な個として自立し、それが、観念化され、潜在的・自体的な理念、として現象するのが内化・同化されるによって、この瓦解が、心の知性によって克服される。

二三

自然の概念とは何か、安定的に在るべきもの神性として在るべきもので、絶対的無限性を志向する実存性、である。

このようななかで、必然性からの自由とは、さらなる自由、へである。自然は自然同士、相争そっても、また、元に復帰するではないか。すなわち、暴風が草木山水を痛めつけても。

自然全体における相互外在からの各々の離脱は、個性的で主我的な自由な精神の萌芽、である。いわば、全体のなかにあっても、個は、他の個に対して自立的・独立的である。そこで、この個による、陶冶の進展、は全体の発展以外の何者でもない。

このように、自分の発達は、自分の陶冶の連続である。

潜在的・自立的なものが自分を構成しようとして観念化をまねく、のは自由な精神の発露である。

二四

心の知の精神は、自由であるがゆえに永遠である。今という自然の全体から脱却し独自の自分を形成する。精神は自分の基体的な内像から自分の意にかなう理念から自分の思念が企図する諸条件から、いわば、自分の論証的理念と外接的自然との抽象から双方が交流する内化・外化により、自分は、自分の自由な現在態を生産する。

単に、自己内に在る真実態であり、単に、自己外に在る真実態が、自分の現在態、である。ここで、単に、というのは、絶対的無限性に対する今日の現在態、である。

自然は肉体である、逆に、精神は、自然から出立するように観えるがそうではなく自然・肉体を包摂し、かつ、自立しそれより上層に、精神は、位する。このように、精神の進展は、それの演繹、いわば、方法論としても観念論の発展、である。人間とそれを含む自然から、純粋の精神、へ変遷するかに観えるもの、は絶えまない絶対的無限性への自由な概念構成への自己の陶冶、を除いて他にない。

ゆえに、精神の玉座は、いつでもどこでも、宇宙の或る画布への、究極の自己抽出、である。いわば、大宇宙の切りとりから自分という小宇宙への往復、も生れる。

肉体と精神という唯一無二の区分の完全さ、はここに完結する。

さらに、心の知性という精神と他の自然、をどう定義すれば、区分性、が補完されるか。心の知が思惟する理性であり、ゆえに、本源的に他の自然から区分される。でも、自身のなかに、付加的なイメージとして、自然の全内容、を、いわば、違う実存の形式で内面化の形式で内像として、この精神、は包含す。いわば、自己同一性とはいっても概念の絶対的否定性によって、自由に、自己の内容、が推移す。

この形式的決定性のもとに、外面性・現実性をも自由に捨象する精神、となる。大自然のなかにあって、心の知の精神は、唯一の思惟する思念である。ここから、自然の精神とこの心の知性の精神とは、本源的に、区分される。いわば、能動的なものを、心の知の精神、は持ち、他方、受動的なものを、自然それ自体、も自己内に包含する精神を有する。この対応関係から、自分の内化の結実による蓄積として内像として、自然の精神を全体像のイメージとしそれの実像を、心の知の精神は保有する。

ゆえに、自然定義性・自然決定性は、この精神の内部で全く別様の弁証法のもとに現在する。

二五

自己の概念の絶対的否定性こそ、精神の自由であり自分の外接性・現実在を捨象して自分の個性的・直接性の否定、それにともなう、無限な苦悩を切りぬけてこの否定態で、精神は、肯定的な自己現在を保有する観念的な普遍性、である。

自己のもつ原理的な固有の思念・概念と客観態との統一という現在、は、精神の真実性と自由という現在、である。

真実と自由が、精神を、絶対性へ駆りたてる。

心の知の精神は、出立の時は自然性である。そうしたら、それは、いかなるものか。単に、自己内で満足するその場しのぎのものとなる。常に、自身と向きあい、そして、素材・他者を受入れ消化し同化しつつ、今度は、不要な他者・自己の他者を棄てて、自分は、自分と向きあう。いつでも、他者の形象を自己にストレートに取入れそれを鵜呑みにして内化する、のでなく自己そのものの具象を結果させるのが、精神の本源、である。

精神は、対象の他者ではなく、自分が、有能な自己の他者を生む。

現在の全ての形式から、自己を解放する過程、が一般性への現在態へとむかう精神の活動、である。

このように、精神の内面は、複数の自己の他者から成り、他面、自己を現在する特殊者として分化するような逆作用をも、精神、は持つ。一般者にもとづく特殊化・分化が、精神の定義性であり自己の新たな姿の表白、である。

永遠性に視座をすえた、精神の可能性、は絶対的無限性の現在態、である。

心の知における自由、というのは段階的である。自由の否定の否定も、それゆえ、知性の発展の一つの図式である。自分が、外面的な他者を克服する度に、普遍性の領域、が拡充される。ただ、自分は、時に応じて自分を支配する。出立の時は、潜在的に在るべき姿は、期待的な概念としては可能性としては、自由、という表象になる。いわば、自分が、構成しようとする内容、は自由だ。

本源的には、心の知の精神、は自由ではない。いわば、心の知の、現在的自由。

心の知による精神が、対象たる素材という他者をのりこえ、自己の心像に内面化を果たした後、この現在的自由、は得られる。

二六

論証的理念・潜在的精神として自身の他者への寄りかかりを捨象して自分の他者をしりぞけ、心の知の精神は、活動的・自覚的な現在、となる。何よりも、自身に対して明確になり相互外在に沈潜している没個性的なものではない。

自己にとって自己の不完全なもの、この自己に対して自己を補足し強化するもの、である。

他者に対するのみの自己ではない、自己の境遇・自己の身辺における表白、である。

自立的・主体的で自己主張性の強いのが、精神の定義であり決定性、である。思念性として、理念の他在の捨象、である。ゆえに、自己自身に対して、潜在的精神・自然的精神は自己の在るべき姿を問う。現状に甘んずる普遍性から脱して、当座の目標たる限定された区分を自己の心像に位置させる、のも同時に妥当となる。

永遠的な精神の活動は、絶えざる内像の変更に他ならない。

精神は、他者を表白・表現できない。自分の他者を、そして、他者を捨象し、自分は、自分を完成させる。他者に同化するのでなく他者を自己の心像に同化させつつ、永遠に、進展する生命体に、自分はなる。他から区分する定義とは、精神、いわば、観念性とは、独立・自立となる。それに在る理性は、当然、他在を廃した自分に在る理念、である。

心の知の精神は、自身を素材とする。それのみでなく、他者と対面し、現状に即した、自身が要請するにふさわしい区分を設け、自己内へ取得し、残りの不要な他者を自分は捨象する。このように、限定された区分とは、自身が、いまだ、持ちあわせていないもの、であり、それが期待値、として自己内へ付加されてくる。自己自身へ措置して消化のうえ不要な他者を、自分は、排除す。

具象的な現在態は、今までの限定された区分を無にし、新設の限定されたものから発する。新来の自己特有の精神、に化していく。

精神は、複雑な区分を持つ。

自己の他者であり、そして、現在の最もさしせまった活動的な或る目的にかなったひとつのテーマに即した、限定された区分も、含まれる。精神は、ひとつの独立する、精神格、であり自分を失っては精神でない。にわかに、他者に入っても、他者の養分を吸引し、他者と自己の他者、を棄て、自分は、新たな自分として蘇生す。

精神の本源・本性はあくまで自己表現だ。

他者に呑みこまれては、自分の現在、は在り得ない。それで、それは、自身の様式・形式で自身の内実・内容だ。ゆえに、単に外接的にこの内容に付加される、形式、ではない。この時、内容は、もちろん、基礎として在るもので、後に、それが、進展す。そして、他方、形式は、方法の基準・基体で骨格ともなり得る。

一方のみでは成立せず完結せず内容と形式は相互補完である。

よって、真実には自分の能力に応じて表現され得るようなもの、のみでなく他者との関連に入り外面化し、そして、逆もどりの内面化をもなし、精神は自分を結実へ導く。

的精神は、永遠的であり、自分が、自分の現在を措置し、自分が、自分の他者・有限な自然内の、精神、を生む。

二九

心の知にとって、絶対的精神とは何か。絶対的だからといって、ことさら、全能のごとき神の存在でもない。もしくは、究極的なものとして完成されたものでもない。絶対的たらんとする心の知という知性の願望である、にすぎない。それで、さしせまっては、絶対的精神であるとする、知性は、自分で自分の目標とする現在を措置し、自分の他者・自然をとりこむ自分、いうなら、今日のという有限な表白を、自分は、産出すべき、となる。心の知性という定義は、絶対知であろうと認識しつつ、自己の他者を捨象し、かつ、新たな自己の他者を具象する知性である、から。

三〇

心の知の直観は、ただ、単に、思惟の第一歩であり、いまだ、思想に達していない。神的なものは、いわば、絶対的無限性の絶対知であり、心の知にとっては、それは、単なる希望観測的な可能性、に過ぎない。このように感覚によるのは、いわば、感性の直観にもとづくのは、形象的で具象的ではあっても、いまだ、終極的な観念論として結果、しない。

ここから、心の知の理念、は永遠性の可能性という実存である。

三一

外接的で対立的な、自然は、心の知にとって他者である。そして、自然は、他者であると同時に、自分が内包する他者自己内で分立する自分の他者、ともなる。自分が絶対知へ達しようとする、可能性としての絶対的精神、から観れば、この自然も、まもなく、もしくは遠い将来に、自分の内像に同化される自分の他者であること、に変りはない。

このように、この他者は、精神を絶対的自覚現在態にする。この結果、自分の本源現在と現実現在、それに、自分特有の概念と現在態との絶対知に、絶対的精神は達す。

心の知にとって、絶対者は、精神それ自体であり絶対知である。ここから、本源として在る精神、いわば、自体的・自立的なもの自己を表現・表白するもの無限に創造的なものが、絶対的精神、であ

結果、自然と自己との絶対性という統一をはたし、精神は、自由を得る。

自由だという、精神の自覚が、すでに、客観に達している。

三三

精神の有限性というのは、絶対性の定義でなく無限性を志向するなかでのひとつの傾向・方向として認証すべき、である。必然的で固定したものでなく、中途における過渡的な成立要件の或る動機で要因でもある。いわば、途中の産物での。なぜというに、本源的に観念性の様式における理性・有限なものが否定される様式での、理性、だから。ゆえに、有限なものとは、今までに、或る結実として部分性として、結果したもの、に過ぎない。ここからして、全体としての精神、いわば、全貌は、そのような部分でもなく、真の精神という現在、でもない。

ゆえに、元来の体質は、精神の絶対的無限性、である。

心の知の精神は、基体的、には、有限者、である。日々の結果を、時として、自分は生む必要、もある。この事実のなかに、自分は自分を良く知っている、という動かし難い真実が在る。換言すれば、だからこそ、自分は、有限者として永遠にあの無限者に、近接、していく。ゆえに、自己を知るというのは、精神学での至上命令、である。いわば、自己実存の根拠を、自分は、自己自身のなかに持つ。

有限性を克服した・有限者をあたかも絶対者になり切ったかのごとく、に固着させる、のは、時期尚早で至当でない。

精神の標的は、絶対的無限性だった、から。

心の知における精神の有限性、とは何か。それは、進展の途上で止揚され完成された部分的な局面性に過ぎない。ゆえに、それは、自己を超克して他者を内化し、新たな自己を生成し、他者のなかで自己を陶治しつつ、それの有限を、徐々に棄てて、自分は、他者のなかで変身し発展する。ゆえに、有限者は、臨時的で仮定的な、現在、である。虚無と空疎は、精神が内面化する自己の最も深化すべき主観の素材、である。

そうはいっても、本源的な精神は、観念性・概念性での理念であり、客観、へと赴く。

心の知の有限性は、或るひとつの可能性・或る契機としての、現在、であり絶対性へ向かいつつある。ここから、諸々の有限性が、存在するというのは、当を、得ない。精神は、無限性への目的とする唯一の概念を、追っているから、それが為す或る動機による、たった一つの有限性を、自分は、持つ。絶対的無限性という一つの動かし難い概念の産生が、精神の志向、である。

心の知での精神における、有限性、は制限と無限性との考察で対比される。どちらか一方である、と極言するのは、当を得ない。有限化が認識されるのは、あくまで、暫定的なものであり、精神の思惟の過程で一過性として止揚される時、である。この時、自己のなかに、精神は、絶対性の断片としての姿を、自身のうちに自覚する。ゆえに、ここでの制限は、制限されていないもの・無制限のなかに包含されるもの、になる。

精神は、観念性であり永遠に進行する、現象、に過ぎない。

三四

具体的な精神とは何か。それは、生きて活動し自分を完成させるもの、である。自分がどういうものであり、そして、どういう自分を骨格として、いわば、概念として、あらかじめ、定義できる、精神、である。すなわち、今、自分がどういう目的を持っているかを自覚できる者で認識作用を持つ者、である。このようにして、いつでも、現場の精神は、自分の進展の方向性を、知っている、主観の精神、に他ならない。

三五

自己の観念態は自己の構成態であり、自己の思惟による企図で、自己の内像が具象化される原型、である。それゆえ、自己の主観の可否は、この観念態の進展による結実の段階、の時決定づけられる。

このように、観念態という可能態は、自己がなすべき基体的で本源的な主観であり永遠の客観との、絶対的無限性という統一、における、基因、となる。

ゆえに、この精神は、最も、具体的で行動的な心の知の認識作用を展開す。

三六

心の知の認識作用はいかなるものか。生きて活動するもの、新たなものをつくるもの、自分の世界を開拓するもの、そして、自己と他者を陶冶しつつそれらの合併をなし、永遠の安定的な無限性として、自分が、自己を分立させつつ有用な自己を抽出する。このように、自己の他者を生成し自己の他者を廃棄する様式は、いくつもの自己を分化させつつ自己の実存を全きものとさせる、発展の永遠の図式、となる。

精神の発展は、予定的な論理学による弁証法ではなく現場における素材との対面となる。

ここから、認識作用は、実験作用をかねた意識作用といっても過言でない。

具体的な精神は、今、素材に面し自己の思惟でこの対象から客観を取得し内面化する。いつでも、自己の主観の発展は、自己の概念の確立であり構成であり、そして、客観と主観との絶対性という統一、である。このような過程で、心の知の精神が、自己が自己を定義するとは、自己の似姿を、こう、こう、こういうふうにして作ろうとして企図する、ことに他ならない。

主観という精神は、自我のよりいっそうの可能性の展開であるため、即自性、である。

心の知の完成・精神の概念の完成・理念という統合態の完成は、自己の分脈となる自己の他者の整合、である。それは、自己を区分する・自己を変革する・自己の区分である自己の他者を自己の統合態に回帰させる、のをいう。そして、精神が具象性であり生きたものになるには、有機体的・系統的であるべき、とされる。

では、自己の区分は、どのようなものか。それらは、自己の在るべき諸相であって喜悦、悲哀の両極、その他をもつ自己の他者とされる。

三七

自然とは、いったい、何なのか。わたしたちは、よく、しぜん・自然と何の気なしに口走る。一口に、自然、とはいっても、それは、いろんな意味を含む。それは、肉体・物質と呼ばれる場合もあるし、そうでないときもある。肉体の場合は、自然としてある全てのもの、となる。いわば、月・星・木・川・牛・人間など。そして、他の部類では抽象的・観念的に表白された、しぜんな姿勢・しぜんな状態など。そして、自然に任せる、などともいう。いわば、あるがまま、である。

それで、ここ人間学と形而上学でも、物質・精神両様に多用される、自然、である。

三八

精神の単純な生活は、まだ、何らの意図も構成も持たないで心の容器が、すいて、いる。決定された現在もなく、特別化され分化された独自の自己の他者、もない。このような、単なる現在から現在に移り、論理学のめざす図式に添うごとく、自分の非決定性から決定性へと、自分は、進行する。決定とは、自分を説明し構成し定義して、自分の輪郭を、完成させる様をいう。

ここでの概念は、おおよその普遍的な模写であって全体を集約するような民族精神・大和魂・日本人らしさ、である。

三九

心は、素材との外接的な対立、もしくは、現在的特別化・分化という段階から、自分との統一、へ回帰する。それで、このやり方は、自分の他者からも現状の固定性を捨象し、自分の他者を、自分の知性のなかで陶冶し自分のより止揚した観念性、に、心は、それを収斂する。
心の自分の観念性は、現現在での最善の概念、である。

四〇

心の知の知性は、主観なものからどのようにして普遍的なものに行こうとする、のか。天与のものとして他者から授けられるのでなく、それは、自らの思惟の意識により獲得される。強制もなく抑圧もなく、そこには、ただ、心の自由が、あるのみである。今までに、自分が培ってきた、自分本来のものは、素養もあるし普遍性は普遍性なのだが、この理由から、一般に自分のあるとおりの多種な性質に面する対立、いわば、評価の違いやら自分が有する普遍的なものに近似する普遍的なものとの対立、に、心は、至る。

いわば、普遍性でなく、真に、普遍として在る外接する素材、との。

日頃は、いわば、出立の時は、心の知の知性はどうあるべきか。そこには、不用な雑念が、在ってはならない。利害は、いうにおよばない。自分が成ろうとする、自分の他者は、まだまだ、表白たる具象のほんの一断片でもある。それで、心の知は、睡眠の状況・休息の状況に在るべき、となる。段階的な、一状況は、純粋な一スタートライン、である。

むしろ、心の知は、小宇宙として大宇宙と大自然を圧縮し、それを、自分の感覚に受容し、そして、それによって、自分の意識は、大いなる素材の呼気を吸引し自分の内像を強化し具象する。このように、大宇宙が凝縮されて小宇宙にとりこまれるのは、あたかも、それらの相互外在が棄てられる、かのごとくである。

心の知の精神は、ただ、基礎的なものとして普遍性を帯びる、のみである。大宇宙・大自然というのは、いわば、観念性・抽象性という極致であって或るひとつの固体の精神として在るべき姿、ではない。いわば、ひとつの主観・主体として、断定・固執すべきでない、仮にそうだとしても、今度は、客観らしきもの・素材も、自分は、持たなくなる。

そうではなく、他者の助力によらないで、自らの知性という、主体的な思惟と意識の力量で、精神は、自己完結する。

自分の、とは何か。それは、主観でもなく客観でもなく、いわんや、他者のでもない。それは、いわば、主観性・客観性という思弁論理学から帰結されるもの、だ。このようにして、或る主観性は、一個のものであり個別性・自主性となって現出する。この普遍的精神は、それゆえ、単体的精神として生来的決定性・定義性、いわば、特性・資質を持つ実存、になる。そして、自然決定性、いうなら、精神の観念性と概念性という背後に、それは、自由な現在、を持つ。

或る単体の自由な精神を除いて、この活動の主体は、他には無い。

ただ、漫然と大宇宙にひたっているような、精神は、ここにいう精神学の対象にはならない。単なる、自然生活を越えるもの、となって自分の独立性のなかで、自分を、具象するもの、宇宙世界を、自分の思惟の支配下に置き、この世界を、自らの思念の概念により表白するのが、ここでの、主体性のある精神、である。

通俗的な普遍的、自然生活、は全く奴隷的な契機、である。

四一

太陽系にもとづく占星術は、遊星の型で人々の運命を決定した。このように、世界普遍を、精神の鏡として精神を、自分が、このような世界から弁明するのは当を得ない。しかし、こういう迷信に対する非難を、鮮明な理由で証明するのが、科学の責務、である。遊星生活は、時間と空間とが決定者を成し、それの内容に影響を与える、のが注目される。

精神が、迷信の道具になりさがる、のは不当だ。

四二

自然という語は、そして、それに類する語彙は、幾度でも吟味される価値を持つ。大自然それ自体も在るべくして在る、ここに包括される人間だって、自然の一員に過ぎない。ここから、分脈的に生出する、自然生活、が注目される。いわば、精神という、自分が、精神生活をこの大自然にあって個別の主我を全きものにせんとして送る、のが、自然生活、となる。このようななかで、心の知の精神は、自分の分化である自分の他者と全き他者という在るかぎりの素材と交渉する、に至る。

精神の原点は、出立は共感的・共働的なそれらの普遍的生活を、自然のなかで、送るにある。

四三

精神の自然性は、或る自然に制約されつつ決定づけられるもの、として浮上する。自然精神は、自分のこの普遍的区分にとどまらず分化して、さらに、自分を特別化・特性化へ進行す。各個別の束が、地方精神・民族精神になり、多様化したそれら精神の表白が、自然史、である。自然から由来する、民族の理性・思惟、が抽出される。

自然精神の昇華の過程が、自然史、である。

四四

よく、自然、というが、それの真意、はいかなるものか。それは、それが使われる場所・場面によるしかない。最も普遍的なものは、この世界のとりまき、である。いわば、大宇宙に実存する、全てのもの・自然である。何人も否定できない、在るべくして在るもの、である。もうひとつの局面も、ほぼ、ここから導出される。在るとおり、飾りのない、ゆえに、恣意のない、のが、それで、ある。

自然精神は、多言を要しない、自由精神、へ帰着す。

四五

主観的なものは、主情的であって、感情・感覚に拠る、思惟、の所産である。この見地からすれば、客観は、思惟しないとされる、ので、在るべくして在る、一般性、となる。ゆえに、心の知の知性は、主観性として自分のなかで卓越している内面性・決定的に不動の輪郭という理念の概念を、自分は、生む。この基盤のうえに、自分の心の精神は、対面的なものとして自然に外接する。

精神の或る断片というのは、どのようなものか。それは、一連の自分の、他者群、である。発端的なものは、瞬間的であって、感情・感覚・知覚・思惟となる。それに反し、定着的で恒常性として在るものは、知性・理性・理念・思念・信念・信条となる。

精神の出立とそれの経過による表白は、それら両者・両面の作為によるの他ない。

精神の動的な局面は、感覚で出立し感情として推移す、そして、それの表出が、思念という様式で具象化され概念化へ至る。いわば、固定的なものとして表白され、精神が、具現される。このように、心の知による思惟の推移で、感情の動きは、悟性、として結果する。精神の分化で自分の他者が、生れ、感情の固定化は、悟性として結実する、知性・理性を生む。

いつでも、精神の発展と展開は、自分の他者の獲得と廃棄となる。

四六

思想というのは、或る一つの概念、である。それは、悟性の為せる業である。悟性は、素材から目的とするテーマとそれの内容、を抽出し、素材のそのようないろいろな絵画的因子を取捨選択し構成しデッサン、する。こうして、悟性の鋭敏さは、悟性の企画力として結集する、心の知、による口述に転化し現出する。この時、最もきびしい文法、に服する心の知の、言語、こそが、知の思想、にふさわしい。ここにみられる才気にみちた思想は、普遍的な思想の芽、いわば、現象の概念、から生ずる。いつも、素材という現象の、素顔、が思想である。

四七

直観は、主観であって、客観と客観性という素材、へ向かう。この知性性直観は、当然、理性性のもの、を自分の目標となし普遍性の様式よりも、独自の個別性の様式、に求める。普遍性は、すでに、完成性であり、個別性は、期待値性という、唯我的対象、で新規である。

心の知の直観は、主観として、いつでも、客観・客観性という客体へ向かい、ふたたび、自分に帰入し、自分の内像、を結実へ導く。

四八

他面、心の知による、知的直観は、理性的なものとして一般性よりも、個別性の形式、という傾向が優性となれば形而上学よりも、詩作の活動、として、自分は、現象する。何となれば、あくまで個別性の思惟・思考は、個という、固有の精神、を完成させる表白であり手段である。こうして、直観は、知による理知的な作用となって、自分の知性・理性を具象するべく、詩、というジャンルで、個別の個性に、特有の精神、を有形化する。

何よりも、個別性は、単体的、心、の萌芽でありそれの開花、に他ならない。

四九

人格性は、心の知の表出である。そして、それの独自性の発揮が独創性である。それの一つ一つの、粒子は、素因としてデモクラシィ、パーソナリティの構成因子としての役割をはたす。しかし、この時の独創性は、かねてのおもいつきでも気まぐれでもなく、既得の素養によるもの知の蓄積によるもので、それの思想と意志やらの合作、である。

すなわち、独創性は、パーソナリティ表白の成果としての個の実現の実績としての、精神の方向性、でもある。

五〇

デモクラシィとしての普遍的なものに関与するのは、心の知における個を代表する、特有性、である。ここから、政治的自由は、個別的・パーソナリティに根ざす、特権の様式、である。今までのありきたりの普遍性でなく、個を尊重するという発展過程的な、開拓精神の様式、である。

個という特有性の伸張は、デモクラシィでの精神の止揚という、一典型、である。

五一

人格とは何か。心の知の精神を基体とし、そして、それが、自分の思惟により、自分の思念を、理性という自分の理念にまで止揚し、そして、さらに、自らの姿体を、不動のもの、いわば、自分の感情と感覚から出立して、自分の精神を、永遠の実存にまで昇華させたもの、が、人格、となる。

五二

心の知という精神は、区分において、大自然と個という概念間で往来する。大自然から出立し由来するのは、いわば、個体的客観性として主体をなす。いわば、自然決定性として現在し活動的でない。この客観性は、分化したものの、人間性として、各民族・各家族・各個人としての気性・才覚・性質・性癖となる。ここでの、客観性、は、単なる主観性の裏がえし、となる。それらの個別のものが、この大自然としての素材、に対して、外接的に対向し交渉、する。

ここに、大自然と個別化の精神との交流、という、一局面、が、開かれる。

第二章　客観精神

五三

自然精神は、当初、出立の時に在り苦悩・闘争やらの渦中にはない。広義の、自然、で。そして、それの大局的区分の普遍的区分において、各個の特徴的区分、が、単一の個別化・特別化へと向かう。この特別化は、いわば、個の完結という特殊化であって心の知という精神の具象化であり様式化、である。

心の知の完結は、自然精神、を本源とし、それの分化の進行、により個別の表白で幕となる。

五四

心の知の発展は、自分が自分自身と対立、するに因って成立する。対立するとは、自分の知の知性が自分の本源精神と向きあい、自分を、理念的に凝視するにある。自分の思惟の進行で、自分が、精神集中の実績をあげる。自分の意図により、意識の本源に在る対立は、素材の輪郭を、自己の内像との一致点まで止揚し陶冶する。

自分が、自分を、真摯にみつめるのが自分との対立であり凝視である。心の知の精神は、外接性であるという局面を持つ。このように、心の目が、外に向いているのを外面性の、対立、という。このような心の在り方を、自然決定性の心、という、いわば、ただ単に、自分は、存在するものとされる。しかし、心の知は、自らの思惟で素材を描出し、それの実像を、自分の内像へ回帰させ内化を完了する。このような時、いわば、真の対立、が発生する。真の対立、は外接であるとともに、内接、である、それによって、心の知、は自分に帰入し対象の実質を自分の内面へ、反映、させる。

真の対立無き所には、結果、も無い。

五五

心、というのは、両面性でもある。思考している心、沈黙している心。心というのは、何処にでもある。普遍的な心は、大自然の全てに観られる。そして、大宇宙でも。しかし、このような心は、ただ単に、現在、する。そこでの心は意識を持たない対立を持たない。人間学でも生理学でも、心というのは、殊勝な主我的な活動領域を持たない。それらの現在は、受動的であり能動的で自主的な生命体でもない。ゆえに、人間学と生理学上にいう心は、弁証と実験のみの、地位、に落される。

形而上学・精神学で、心、は肉体から切り離され自主的で活動的な命という地位、を得る。人間学で、心の個別性・個体性は、ただ単に在るもので、自然決定性、とされる。当然、個体的なものは、原初的な偶発的なもので萌芽的で偶然性である。ここに、普遍性という永遠性に志向する実体的で基体的な、心、が期待される。ただ、普遍性のもののみ、があるべくしてあるもので、必然的、な実存であって、個別性は、それに追従しそれを考究するという宿命、に在る。しかし、この個別性のものは、まだ、未熟であるから、活動的無限者は永遠らしい無限者に向かうべき、である。

個別的な精神は無限である。普遍的なものは、或る一つのモデルであって諸々の性質が陶冶され集約されている。そういうわけで、個別的な心の思惟は、自由な精神として無限に偶発的な具象となって現象、する。両者の結合と成果は、無限性ではあるが異質である。個別性は、区分されて独立的で個体的身分なので、当然、活動の主体となって、理念へと、自分は、自分の思念の思惟を巡らす。そうして、個という単独の特有性は、この精神の特性として活動の源として気性・性質となる。

五六

才能も天才も、精神という基盤における一つの素質である。前者は、従来の特別の領域において新たなものを、そして、後者は、新分野を開拓する。両者は、退廃を防止しようと思うなら、それなりに、妥当普遍なやり方で、この素養を維持するべき、となる。自分の思惟活動で自分の概念の認証に達した、理念、は、絶対的に自分の空間を取得するから、それは、自由、である。

より卓抜になろうとする、天才、は厳しい弁証的思念について鍛えられるべき、である。

五七

心の知の精神は、それの傾向として類別される。そして、それは、生来のものとして気質が在り、他方には、万人がもつものとして性格が在る。前者では、大まかな分類で多血質というのが、観られる。この人は、動性と呼ばれる素材の現象に埋れる。憂鬱質では、不動性が重きをなす。ゆえに、ここでは、事象にのめりこむよりも、個別性という心的状態が重視される。そして、万人が、区分として個人毎に平等に有するものとしての人格的、主題、が、いわば、性格となる。

心の知の基体としての性格を示せという、命令、が、いつの場合でも発せられる。

心の知における、気質という性格は、自分の精神の基体として、それの形式を成立させる要素である、そして、形式というのは、自分という精神の、骨格、である。ゆえに、たとえば、それの形式は、個別性から出立して、自分が対立する素材を、極致まで概念化し描出するべきもの、となる。いわば、自分の結実は、自分の精神という性格・性質が、意志として自分なりの思惟の活動で、自分と素材との絶対的統一を具現した表白、である。

この活動は、自分が意図する構成的活動、である。

五八

心の知における精神は、どのような生来的素因によって区分され、そして、それは、基盤的なものとしては、どのようなものとして、用語的、に説明されるか。たとえば、自然決定性というのは何か。それは、本来的に本源的に捨て去れないものとして人間が自分のものとして所有する性質・性格の気性・気質という区分に観られる。

全ての人間が自分本来のものとして特性として備えるのが、性格、である。他面、別の大まかな区分は気質が在る。それは、日常的には、ねばりづよい・しつこい等と、表白、される。

五九

心の知は、個として、個体性・個別性、である。ゆえに、諸々の人間としての諸区分が或る一つの、精神、として浮上する。それは、活動の主体となって大自然から、派生、する。個体は、このように集団的なものから切りはなされ主我的に独立し、いよいよ、個性を持つ主観になる。この時、変化というのは、個別の活動にともなう可変性で、主観が、結実する過程で、必然の素因として契機・チャンスとなって現象する。

主観という主体なしにには、いかなる精神の産物も表白も生れ得ない。

心の知の精神は、区分された或る一つの変容のなかで連続し持続する、主観、である。この変容は、発展する精神の経過で生長する刻一刻の様態でもある。ゆえに、この精神は、肉体的区分の変化の渦中に在ってそれなりの肉体的要素を具備したり精神的区分の変化に乗りながら、当然、よりいっそう自分の観念性・理念性・抽象性という推移で素材の中身を捨象し結果させる。

そうとはいえ、肉体的なものを超克し、精神は、自分の観念化を独立へ、と強化する。

性格の固定性とは何か。それは、当初、出立から自分固有のものとして在るものではない。出生の時から備わっているのでもなく、心の知の意志により発達させられ、身に付く自分特有のもの、が、それである。ここでの結果した、自分の努力による固定性、は、定着性である。心の知の思惟活動で、自ずと、それの生長段階で蓄積され、自分の基体的精神の似姿として自分の内像の基本として、その固定性は、心の知に定住する、に至る。そして、性格の他面性は、自然性という定義性もいなめない。生得的な固有性プラス心の知の意志による努力の結果・後天的素養、が、この個別性という、性格、をつくりあげる。

六〇

精神学において、人間の精神、は、つとめて、自分の肉体性から脱却しよう、とする。そのようなわけで、はじめて、そこに自分が独立をはたし、自分の自由で主体的な活動領域も開拓される。そして、ここに、この形而上学にいう唯一無二の地位、も成立す。こんな時、生理学とともに、人間学は、依然として、肉体とともに無いわけにはいかない。ここからして、何よりも肉体と精神をペアにして、古典的で保守的な、しかし、形而上学の新たな道を拓くような基盤的分野を、独自に、それは、結果させる。

なにはともあれ、肉体と精神をカップル・対にして、それらの統制を止揚し、人間学、は、人間が真に在るべき姿、を、結実さす。

六一

心の知の精神は、基体として発展性としての意志たる思惟、を持つ。いわば、普遍性へは、この可能性としての自分の意識に向かっての自分の内像という基本に向かっての対立、である。全くの他者によっては、精神、は、毛頭結果しない。当初は、あらかじめ、進歩的な目的を持って、自分を、特別化しいわばプランし、最終では、自分を特色ある単独性という個別性の輪郭、へと、自分が、定義づける。

いわば、よりいっそうの自分との対立の深化で、精神、は結実する。

心の知における精神の対立とは何か。それは、進歩の源泉である。それは、自分が自分と対立する、精神の直接の個別性は、いわば、自然性であって、まだ、何らの進展性も持たず、且つ、活動性も帯びない。それの目的は、普遍であって、出発の時において単に自分は、普遍性である。それで、外面的な直接的個別性とそれが拠って立つ本源的普遍性が、進展性として対立する。

精神にはこのように自分との対立と素材との対立が併存するという、両面、が在る。

個別的心は、自分の生来の自然性から離脱するべき、である。それは、自分の主体的な発達性に因るものでそれの心的現象の様態としては、本源的普遍性とそこから出立する外接的で対外的な直接的独自性との、対立、である。それで、日夜におよぶ、このような連続的な心の知の精神の、生き様・表白活動、が、この心の思惟による生命線、となる。本源的普遍性は、心の知が、素材と外接しながら普遍性のものを吸引し内化して自分を完成させようとする進歩的な自分の他者、である。

このように、心の知は、全くの他者と自分とに外面的対立、を持つ。

心の知における生命過程は発展過程である。それで、この単一的心においての、直接的個体性、はこの過程を経て自分の思惟の、素材、に対する止揚により普遍者に接近し、その結果、普遍者は、直接的個体性のなかで陶冶され、この素材は、徐々に、具象化され内化される。精神の自分との、単純な統一性、は対立による対象がよりよく昇華された具体像としての認識下に在る自分特有の安定性である。

ゆえに、自分との対面は、素材と外接する対面に起因する、外化と内化、を結果させる対内的なものとなる。

素材は、独立的に現在するもの、完結しているもの・永続するものとしての普遍者、である。独立的は、主体を為し自己特有の、精神、を持つ、完結的は。持続する生命体を持つ、永続的は、自分の表白の性状が変質せず、依然として、生来の実体を有する。ゆえに、基本姿勢として、心の知の、精神、は、それら不滅の事象に対面し対立する。

このように、素材との闘争、は、自分の自然性を一掃し自分を完結する対立、である。

六二

心の知という精神、は、宇宙・自然に、独立して実存する現象・完了した現象・持続する現象、いわば、そこにおける、摂理にかなった事象に対立して、自分らしい独立を表白し、それを、新たな生命体として、自分は、措置すべきとなる。このように、自分を、自分の独立体として完結するのは、いわば、自分が普遍性の一局面を為し、この普遍性、を補強し新制面を付加する、に至る。

自分が、自分を、自分の独立でつかむとは、自分なりの独立性の普遍性を、生む、の意となる。

六三

心の知にとって、理念、は、真・善・美、である。当初は、この理念は、自分に属したが逆にすべきである、いわば、それらの現在的・実体的なもの、は、世界のものとし、それに反し、個人のもの、は、偶然・偶発のもの、とされる。このように、加齢とともに心の知の精神は、自分のものこそ、偶発性であるという推察へ達するべき、である。

ゆえに、個別の人間は、ただ、ひどく自分に対立する世界でのみ、自分の本源的な活動とそこでの満足を得られるとの推察へ達するべき、である。

だからこそ、外接する事象に対応する必然の技巧を身に付ける推察へ達する、心の知の精神、と、自分はなるべきである。

六四

ただ、独立的に自分なりの世界の過程を考究する、この主体的世界でのみ心の知の拠るべき、空間、が在る。そうして、自分が完結すれば、人倫的世界規範、は自分が初めて作るのではなく、本源的に現在するもの、として想起される。このように、完成性の精神は、現象に追従し賛同しつつ関心を寄せる。

局面的主観性から多面的客観性への移行が、個別精神の真の発展図式、である。

心の知における、精神の或る契機としての発展段階、とは何か。そこでの初発的なものは、感覚、である。ただ、何となく受身的であり、主体的なもの・自分の意志、が、目標を持つものとして発動されない。それに反し、一歩先んじたもの、が、直観、である。いわば、外接する素材に対する積極的な、自分の意識、が始動する。何よりも、この直観というのが、自分の希求する映像の具象化、への一歩である。

好機の直観を失しては、いかなる遠大な画像も生れない。

六五

自然性のものは、静止的であって相互外在、である。しかし、このようななかにあって、心の知の精神は、人としての肉体性に属しているようでも肉体から離脱し、自分は、あたかも単独で、移動する局面を持ち動的、である。いうなら、人間の精神と肉体は、動物性に帰するから、時間と空間、という形式にもとづく相互外在を棄却し、自分は、自由である。このような心的意識が、自分自身に自分の在所を、与える。そして、さらに、自分は、自分の肉体からも独立するという、弁証に達する。素材は、普遍性であり、自分も、普遍性として、自分は、自我を、言語表白で結果させる。外界・素材への没入から脱して、自分へ回帰するのこそ、内化の完了であり精神発展の本源、である。

六六

心の知の精神というのは、対自的現在、である。自分と向きあい、自分が、自分と対立する。自分の精神の未完成を外界の現象と併行して対立しながら素材の真髄を吸引し自分に内化して自分の心像を強化して結果させるのが、この精神という思惟である。基体的意識は、活動する生成主体であり、自分の思惟の進行で、自らを自分の内像を、自分が、結実させる。

諸種の能力と目的を持つ自分の他者が、自分と向きあう発展する基本態が、対自的現在という常態である。

心の知における精神は両面を持つ、個別にとどまるものは、どこまでも、個・個体としてそれ自体による思念の支配下、に属す。性・セックスにおける倫理として、それは、捉えられる。ゆえに、自分は、自分を、逸脱するのが無い。このような主観と主観性、は、いわば、目的を包含しない、自然的区分、である。それに反し、国家・自治体・美術とかは、諸目的という普遍性を持つ、客観と客観性、という、精神、へ志向する。

個別における、精神の他面、は、形而上学にいう最も重要な志向性で、精神の独立、という永遠不変という理念を除いて他、に無い。

六七

自分というものは、何の自覚無しに生れるもの、である。いわば、自分存在・自分現在という自然らしさ・自然性が、当の自分、である。他人のために在るのでなく、自分のために在る。自分在っての世界である。この在り様は、対自現在、と呼ばれる。それで、この自分を他者、他人が育てるのでなく、自分が、自分を、育てる。このような心の知の精神は、いわば、自分が自分と対立するという、行動規範、を持つ。この対立というのは、いがみあいとかいうものでなく、自分が、自分と対面して、そして、自分が、自分をみつめるくらいの意、である。

ただ、自然性のみでは、人間現在、ではない。

そういうわけで、いつでも、心の知の精神は自分と対立し、そして、外界と対立する。

六八

心の知による活動する精神は、どのような経過をたどって現実的な自分の思惟に入るか。睡眠は、いわば、根源的には受動的であり、そこでの表白は、自分の本来の意志が反映されない。しかし、消極的だが、そこでは自分生来の、素養が、活かされる。他面、そこでの表白は、今までの自分の思惟が集積され加味されるもの、となる。覚醒は、いわば、コインの両面の一つである。それによって、いよいよ自分は能動的で実質的な活動のスタートラインに立つ。それで、自分が出立する時は、自分という精神の器は、無、である。そこで、自分が、自分と対立しつつ外接する素材とも対立しながら、この器を、満たしていく。

いつでも、自然的変化のスタート地点では、自分の内容は無とされる。

直観は、精神にとって自分の他者だが、営為的であり思惟と同じで肉体の手足に相当する。この時、精神自体は、本体であり理念・理性・知性・悟性のような包括的なものとなって、行為的な直観と思惟をコントロールする。覚醒する精神は、活動する現勢態なので、直観、という先駆である。この直観という、自分の他者、も、意識であり悟性、である。

睡眠での夢見の表白、と、覚醒での表白、は、異質、である。

六九

表象とは何なのか。表象が、範疇によって定義・決定される、とは何なのか。それは、予測として、普遍性としての要求にかなっている、というに過ぎない。表象は、心の知という精神の主観、によって為される。表象の範疇とそれの成立の可否、は、それの要件が、あまたの衆目の精神、に、受容されるか否かに在る。ゆえに、それは、一定の様式・形式の範囲におさまるもの、いわば、客観との、となる。

表象の客観性と主観性の一致、いわば、普遍性は、覚醒における、表現の典型、である。

七〇

覚醒、というのは、いわば、覚醒現象は、全く、何の意義、も持たない、ただ、肉体から離脱したばかりの、感覚、みたいなもの、である。ここに、人間学における、生理学的なただ単なる、心の知の自己発見という、感覚のスタート、が、在る。精神は、この目覚めで自分に対立し、そして、自分に対立する世界普遍とも対向す。

精神学で、はじめて、精神、は、自立し、知性による意志と思惟での活動、へ向かう。

二元性は、自分の出所が根拠が二つであって、この精神が自分と世界を見出し双方と対立関係へ入るをいう。

心の知の精神は、二元性という現在の基体的実在として重視される。当初的・出立的としては、それは、覚醒に端を発するが具体的には感覚として、ただ単に、自分の活動という門戸が開かれたのみで、意志・思惟・知性による具象的な活動まで至らない。しかし、この二元性は、自分が、他ならぬ、自分と、他方、自分が、世界という両方に対立する両面性でもって、いわば、内化と外化の強化により自分の内像を完成させる形式、が、注目される。

いわば、ここでは、一者が自分を含む二者と対立し二者の混淆体を知るような図式でもある。

七一

人間学においては、精神は心であるが何の定義性も付与されない。単なる心であり自然性であって、活動、も為さないとされる。睡眠を抜けでて、精神、は、覚醒する。しかし、形而上学においてさえ、覚醒態、は、単なる状態なので、ここでの精神には、いわば、心には何らの具体的な意義も授与されない。具体的な意義とは、ゆえに、自分の他者である思惟による、活動、となる。ここでの精神が単なる心である、ゆえん、となる。

ゆえに、覚醒は或る一つの契機・チャンスでしかない。

このように、具体的な意義は、思惟による活動で自分が自分と世界とに対立し、永続性という自分と世界を発掘し、二元性の原理に準拠しながら、統一体として、自分が、表白するのにもとめられる。

自分が自分のなかと自分が世界のなかにいるのを知るようになる、いわば、自分の源が二つ在るのを二元性として、精神は知る。

自分と世界とに対立を発見し、それによって、新たな自分と世界を発見するをもって、精神が二元性を知る、となす。

七二

感覚はどのように弁証されるか、いわば、弁証学的なもの、として。それは、自分の理念の形成に、単に、補助的に作用する要素、である。それは、観念的動機として、自分の理性による本格的な思惟の或る機能的副次的素質、として在る。覚醒する、心の知、は、出立前に在る自分として、自分が休養している自然性のなかに、内容の決定性・定義性、いうなら、在る能力として、自分の理性、に加担するものを発見する。

この内容決定性、は、心の基体・自然性に潜在的・先天的に、感覚、として在る。

心の知という、精神、にとって、感覚、は、それほど重要な意義を持たない。それは、休養・睡眠におけるような単なる自然性である。ゆえに、自分の活動にとってそれはインポテンツである。覚醒している知から感覚への、弁証法的進行、というのはそれで何ら大そうなものでもなくおどろくに値しない。

ゆえに、精神の真の表白、は、自分のポテンツな他者である理性という、思念の思惟、に、ゆだねられる。

それで、心の知にとって、感覚はただ自然性として自分の原点である。逆説的には、精神の覚醒から睡眠への弁証法的移行は、動的な思惟から休止的な感覚へである。精神は自分の諸種の他者を持つがそれらとの差異を持たない自己統一性へ自分は入る。それで、精神の表白は、自分と外界との対立がもたらす流血泣き闘争である。

七三

心の知という精神が、ねむっている時、自分は思惟しないから、区分、がない。いわば、自分は単に基体的実存となる。精神が、さめている時、自分は出立的ではあるが、自分の現在、は、全く抽象的で、まだ、内容のない自覚的実存として、自分、は居る。それら双方の精神、は、個別という点で優劣も決しがたく一面的で非真実なものである。精神のあるべき基体は、素材の表白へ向けて、双方の真実態における具体的統一を為したものとしてあるべき、補完的で結集的な自分の他者からなる、支配的知性、を除いて他にない。

七四

心の知は自分との対立という或る局面を持つ。この時、自分が外接する素材から何らかの質量を吸引し内化すれば、この出立的対立は解消され廃棄される。自分という現勢態・自覚態は活動形式であり、覚醒下で主観性として一つの目標により機能をはたすと睡眠化のような基本態・潜在態との、自己統一、が、完了する。

ゆえに、内像を強化するものとして、普遍的、なものが自分に内化される。

根源的分割はどのようなもので、且つ、どのような意義を持つか。それは、大義において自分が区分される、ような、ものである。そして、それによって活動の主体が覚醒に移り、そこでの思惟、が、表白を為す。この根源的分割の分割は、はたして、誰が為すのかと問われると覚醒だとも答えられる。いわば、自分の他者としてふるまうような睡眠を自分が自分から切りはなすのが分割とされる。いわば、分割は、自分の区分とそれに伴う表白なので二重の意義を持つ。

ゆえに、根源的分割は根本的に精神が睡眠と覚醒に区分される、ともいわれる。

七五

精神の出現は、精神現象学、的として客観的と主観的としてである。心の知が、ただ感覚するのみではまだ真に客観的なものに対応する主観的なものになり得ない。この時の区分は意識においてはじめて為される。この区分によって自分の自我・自分の無限な独自現在という観念的なイデオローグに、自分、は達する。

現象学の極致は主観と客観との一致点への止揚を除いて他に無い。

七六

感覚は多義性である。それは、精神の他者には違いないが思惟とも違う。たぶんに、思惟は知性・理性・悟性・理念に通ずる。感覚は感情・知覚に通ずる。ただ、この感覚は段階的には初歩的・出立的であり積極的で具体的な要素を伴わない。しかし、直接的・外接的、いわば、外面的である。

感覚は真実性・普遍性であり漠然としている。

精神にとって一つの他者であっても、形而上学において、感覚、はそれほど重きを為さない。そうはいっても全般的な位置づけで、それは、それなりの身分的地位を占有する。感覚は感性的なものである。感性的なものは特別の目的も持たない、ゆえに、それには意識も付帯しない。このように、感覚、は、ただ単に感ずるものであり目的を持つものとしての意志・意識を備える感覚でもって素材との関連を持たないものである。

七七

逆に、内面性感覚はどう弁証されるか。

内面的感覚、は、心の知の内面に属する内容であり、内面性なるがゆえ、心理学の領域に帰入する内面的諸感覚を考求するのは、精神が、能力の及ぶ限りにおいて、自分を具現化し肉体化する時、である。精神という感覚は自分が抽象性・観念性であるから、逆に、自分の証し、として、自分は、具象化という肉体化を為す。

内面的感覚は心理学に属する、外面的感覚は人間学と精神学で処理される。

人間学で、心の知における感覚はいわずもがな動的である、そして、それは外面的感覚とならざるを得ない。たしかに冷静に思考されればそうなるし感覚は文学性を誘う。他面、生理学での、それは、内面的感覚であり人間心理としても精神医学上からも、実験的俎上、に置かれる。

両者の感覚は肉体から切り離されると、むしろ、不条理とされる。それに反し、精神学でのそれは宇宙をも支配する、主権者、と化す。

七八

或る表白は、感覚に端を発しそれが思惟に移行するによって為される。心の知の感覚はそれの帰属する肉体・肉体性によって、それの特性、が、定義される。定義されるとは、決定される・決定づけられる、である。たとえば、外面的素材、が、色に訴求するものであるなら、それの表白は目の為せる技でありそれの結実もそれの持つ技量に在る、のはいうを待たない。

要するに、感覚する時・外からの刺激の時・外面的素材が現象する時の内実によって、表白の質、が、決定される。

目に映るもの、か、目に入るもの、か。

形而上学から分化する人間学における、感覚する主観、は、いかなるものか。主観の内面はいくらかは定義されいくらかは区分される。感覚の太さは、自分が持つ内包的な度量的な太さである。主観として、自分が、受け入れるに足りる能力を持つか・感受性は充分か・外接性に対する主観の反作用能力、いわば、内的感覚の糸口が在るか、で、それの可否が決定される。
人間と鳩、ラクダのそれは質量ともに違う。

七九

自然的心、というのはどのようなものか。最も広義のもの、としては、大自然・大宇宙における全ての現在がこの自然的心を持つ。

このようななかで、人間性として在る、自然的心、は、他のものから区分され主体的で活動的な、主観、として自立する。何よりも、精神学での、心、というのは動的であって一つの命である。そこで、自然的心として在る心の知は気分から感覚へ、そして、思惟へと自主的な自我を完結する。ここに、個体的・個別的で出立的な自分の地位を感覚は得る。

八〇

外接する素材、は、或る現象である。現象とは、自分の目前に幻影として姿をみせる詩的・物語的なプロト・一断面ともなる。それは、単なる現在か、それとも、意義ある現在か。この時、無決定的・無定義的な普遍性とは何か。それは、一過性の単なる無意味な映像であって、作品、として結果しない弁証され得ない瑣末なもの、である。

いわば、表白・弁証というのは、真実、心の知という精神と外接する素材との、合意が成立したうえでの共同合作ともみなされる。

いつも、現象は、有意なものとして定義されてこそ結果する。

八一

外的感覚は、心の知の精神が外、いわば、外界を向いている時の営為である。この感覚は、そして、それによる所産は人間学の好むところのものとして、自然形而上学の立場に身を寄せそこで弁証される。

内的感覚は、前項に反し、自分という精神が自分の内側・内面に沈潜し、自分自身を見つめる心情・心理である。この内容は、別項として、さらに、主観的精神論の一部門・心理学で究明されるべきである。

精神は、人間学において外面からの要因によって生成発展させられ、他方、生理学において内面的に自分が自分を覗くによって自分を発展させる図式を見出す。

八二

内的感覚の肉体化とは何か。それは、自分が知覚し思惟する内容を、或る具体的な概念として生成するものである。それは、特別の意志も無く何の作為も有しない臨時的で不随意的に生起する肉体化である。ここでの肉体化というのは、自分という精神のおぼろな肉体性に、いわば、輪郭に、単に、自分の思考する内容を浸透させる形式である。

精神学で肉体化はどのように弁証されるか。精神と肉体、は、いつも生来的には、密接不可分で一対だ。精神は、抽象的で観念的だが、逆に、肉体は具体的で具象的に思弁され得る。しかし、精神は、それでも形而上学で肉体に対し独立宣言を為しつつも再度自分を肉体化するというジレンマにいりこむ。要は、自分も、具象性として自分なりの確固たる姿態を現出させるべき、となる。

ここに、自主独立の、自由な精神、として永遠の理念へ、自分、は、向かう。

八三

内的感覚、は、それが依拠する肉体のなかで或る特別の、現象、としてそれの内容に応じて一つの器官に受理されて出現する。

内的感覚に相当するそれぞれの器官、いわば、心臓・頭脳・腹部の機能が作用し、各々の結果、が産生される。この過程を肉体化とみなすのがよい、要するに、各々の器官に刺激が伝達され各々が反応し結果が生じれば、肉体化が、完了する。

痛みで頭がズキズキする、驚きで心臓がドキッとするようなものは、浸透作用による。

八四

心の知という精神は苦痛を持つ。苦痛の外化は、いわば、自分という心情の吐露による表現、となる。内面的感覚を分節をつけた言語でもって外化しそれによって、この苦しみが除去される。苦しみの主観から安らかな心情への変換である、この時、主観は詩を作るによって圧力を加える自分の感情から、自分を解放する。

精神的自由の回復は新たな詩境への出立である。

心の知の精神にとって、感覚、は外接的で発見されたものである。いわば、素材からヒントを得て内化の源泉を、今、自分は身に付けている。単独的で個別的段階的定義のなかに自分は在る。精神の基盤性のなかでの、発展的な萌芽の変化、が、自分の中心現在において措置される。そうなるによって、精神、は、始源的・潜在的には感覚作用として自己内へ回帰した全体的姿・全体性である。このような思弁・思想から、逆説的にも、精神は再度自分を肉体化するによって個体的・有形的へと止揚される。

八五

心の知という精神は、元来、或る能力を所有する一つの基本態である、この時、心の自分の他者である感覚は、すでに、或る表白のチャンス・契機をつかんだ一つの財産に他ならない。このような精神の基礎的ありかたは、外の風景、いわば、外接する素材を感知し自分のなかへとりいれた・帰入されたもの、と思想される。

このように、外の光景が自分のふところに、飛び込む、のを回帰する・帰入すると自分は定義す。

心の知の精神にあって、意識も感覚も、共に、自分の他者であり依然として主観性である。精神は諸々の感覚で自分の感情へ全体性の意識へと進化する。このようなゆるやかな発展過程で、まだ、個別性の感覚が得る素材からの、発見、は、風景・事象の普遍的関係における一点である。こういう感覚から意識へと止揚して、精神、は、多種に混淆している諸素材からなる自分のなかで関連する、一円環、に、かかわる。

自分がキャンヴァスに描こうとする、総体的な構想・思想、が、ここにおける一円環である。

八六

心の知という精神は、どのような時、外面的区分と内面的区分とにある感覚を持つか。知覚感情が先駆として、いざ、活動しようとする時、自分が自分の心に回帰してそこの自分の意識と思惟にバトンタッチする状況で、この感覚が生ずる。ただ、本源的に在る単純な統一性・何ものにも煩わされない心情性には、このような感覚、は無い。外接的なこの素材に対応する、出立的精神、が、自己の他者として区分されて在る外面的感覚だ。他方、内面的区分に在る感覚は、自分のなかに留まり、専ら、内化により自己の内像を強化し完成させるものとして機能す。

八七

客観的世界、は、それでよしとして留まらない。それは、必然的で永遠性という無限の発展の歩調を備える。そして、それに対立する個別性という直観・主観の、感覚、は、或るフィルムでもあって或る時あるるときの発展要因という粒子群を含有する、客観、を表現する。この粒子群というのは、肉体での血液に相当する或る固有の特有の区分された独立の一個の生命である客観の基体となる、のはいうを待たない。

それらの競合するそれぞれの客観は、合体・束にされて再度新たな命として、精神、の前に具体的な姿をみせる。

八八

今までの自分という精神は固有で一定の方向性に在る心の知が、このように、自分の意識を錬磨し陶冶して客観性という基体に在るのを、自分が自ずと決定させていると自覚する、のが、この精神にとっての決定性・定義性に他ならない。いろんな要因・要素は、いわば、多様な可能性を秘めた発展形態の自分と成る。

感覚・感情・意識・意志・思惟・思念・知性・理性など無限に多く区分された能力群に端を発する自分の他者から成る、決定性、に在る精神という全体性、である。

ゆえに、心の知という器にそれらが混淆されている一者が精神である。

八九

精神の定義が進行するとはどういうことか。それは、自己の決定性が思弁され、しだいに、自分の姿がうきぼりにされてくることとなる。そして、同時に、自己の潜在態いわば可能性として秘めている自分の姿がいよいよ明確な形象として現出し、それは、具象化される。

精神の発展という姿態は自らの目標に対する、自覚、に在る、自分、が実現されるという。

心の知という精神に関する、目標と完成、はいかなるものに起因する、か。この精神の出立の時は、いわば、自己元来の潜在態という主観、である。ゆえに、精神は自己を見失っては最早、精神、とはなり得ない。このように、この発達は永遠に向かっての終りなき可能性の究明という、自己完結、である。対自性という標語は、ゆえに、この精神にとって、絶対的無限性、という唯一無二の金言である。

九〇

精神の他ならぬ自分に対する、至上命令、は永遠性の概念という、理念、の生成である。概念はいわば基体となる思念であり思想の萌芽となる、それで、この概念は定義性として永続性の発達における具象的な骨格を持つ。それの結果は或るものを具象する、精神、である。

精神の定義が、前進、するとは自分の姿が決定性いわば決定的な、理性、として徐々に成熟するをいう。

人間学的とはいかなるものか。

人間学では、いまだ、自分という精神は肉体と密接不可分で、独立していない。

精神学で心の知という精神はいかなるものに、由来、するか。

心の知による本源の発露は、心の本源を、自分が知覚されるようにそれを骨格として概念として措置する、思惟の具象にもとづく。それによって、よりいっそう重要な自分の輪郭いわば定義を、自分、は得る。素養や訓育は、個別的主観に関与し、普遍的精神を、個別的主観という特色在る、発展形式、で自分という現実現在へもたらす。

精神の諸々の発露は、どのようなものとして記憶され、そして、記録され表白されて具象的な実績としてそれは残るか。精神が、自身を自身に完成させ自身と和合する過程の姿として在る、ものとなる。

九一

精神は、独立性として各々のものに属するゆえ、始終、同じものなのか、否、決してそうではない、それは、あくまで絶対的無限性への道程における抽象性としての姿なる、が、ゆえである。そういうわけで精神の発展途上に在る主観的と客観的それに絶対的精神の間を出入する、発展段階的な個別的主体、が、この精神である。こういう避けてとおれない精神の、絶対性への目標、のため、精神の姿態は変化してやまない。この時の絶対性は期待値となる。

九二

心の知の精神は抽象的で観念的ではある。そうはいっても、それの表白を軽視し放棄するのは、自己退廃、となる。

自分が自分を永遠性のものへと建立する。

主観性精神は、いつでも、出立という契機にあり個別性の活動を為す。それでどうすれば、この知覚という知性はより有効になり得るか。未発達なるがゆえにいまだ自己を真実なものとして、自己、が自己を具象できない。主観の考察は、このようなわけで、未熟な概念なので自己の概念を能力の及ぶかぎりにおいて、自己、は自己に対象的・対立的にできるようにする、べきである。

主観の進行は、新たな自分の発明と永続的客観へである。

心の知という、精神、はいつでも自分に戻る。自分に戻るというのは主観に成るに過ぎない。自分の概念をいまだ完成していないが、自分、は、客観性に居る。直接的現在性は外接的現在性であり、精神、は客観に対面している。しかし、それから離れるによって自体的・自覚的になり本来の進歩的な主観を、自分、は発明し生成す。

九三

心の知の精神は、単に、できそこないの概念として捉えられるべきでなく出立・当初においてさえ単なる主観としてでなく或る、目標、を持つ心の知の知性として客観と主観との統一性が期待される、思念という理念性、として論証される、べきだ。単純な主観性を超克し精神の現在性もしくは客観性の進展にともなう心の知による理性性の展開が、精神の出立からの発展性、である。

限定された諸概念の一系統は、いわば、或る精神が焦点をしぼり構成を完了した所の一つの、理念、である。それゆえに、それは、主観と客観との統一であり可能性を自分のものとした現実在の結実である。ここで、自己の他者を棄てより有効な自己の他者を得て、精神、は段階的な絶対的無限性へ近づく。

他から区分されてこそ、その精神特有の個別性の強い運命的で決定的な、概念構成の理念、が生れる。一つのイデオロギィを生成しつつ自己の姿と形を徐々に地固めして自己の持つべき宿命的で逃れるのが不可能な、必然性を与える、のが、発展性という主観性精神だ。それを為す主観精神の三様式、は、心と思惟と精神そのものである。

九四

精神の現在性は極度に発達したものとなるべきで簡単な主観を脱却して、客観に添う、進展である。この発展は当然自己がめざす特有の概念となるべきで自己の構成的なテーマにのっとり、自己、はそれの骨格性に肉体性を加味して素材を具現化する。いわば、一系統の創作は、精神という個性性を可能性の及ぶ限りにおいて、絶対的無限性、へ志向させる。

思考する思惟は自分という精神をどう決定づけるか。

形而上学的思惟は、自分という精神を、一系統の完成した主観と客観とが整合された理念の、定義、としてこのものに宿命的で運命的な決定性として規範する。主観精神が区分されるとはそれ特有の個別性が形象化され自我が自身によって、発明、された自立精神という意を示す。

九五

そもそも出立の時における精神学はいかに在るべきかいわば真の形而上学とは。それにおける当初のものは、精神学における方法序説的なものが、対象、を性質として質的に個別的に方向性としてこういう内容のものとして、いわば、概念・概略を定義でもってくるもの、と成る。ゆえに、そのような方法から結果する、精神、は、或る心・自身の多種な自然的決定性に制約されている他律性の強い心、に他ならない。

心の知の精神は出立の時においていかなる現在態・自然態に居るか。いまだ、自分の概念を描写できないもの、そして、自分が自分に対立するによって、自分の外部に対象的に自分を措置できないものが、自分という未完了の精神、となる。ゆえに、真の出立的精神は、目標を持って絶対的無限性の表白へと向かう進行形の活動的思惟、を除いて他に無い。

九六

主観精神について、形而上学の内容は、主観精神を三区分の人間学と現象学と心理学という分野で視点が変化するによってより詳細に、それの全貌、が表白される。心と思惟と精神が自然に対立し、且つ、自分にも対立しつつ現象するのが、この精神、である。

当初において人間学的に、心の知の精神、は、自分の自然としてあるがままの肉体性に拘束されている。そこで、真の精神はこの境地から脱却するため争闘へ入る、自分の肉体性に打ち勝っても依然として、自分、は、肉体的である。そうはいってもこのたたかいで、心、は、ある程度まで真実在の表白まで近接する。

精神が自分の肉体性から独立するとは、たとえば、自分の本拠地となる肉体を離れて活動する思惟になり、宇宙、を飛翔するごとく、と成る。

九七

心の知の精神は、今までの実績として思惟されてきた、未完の概念、ではある、自分の外部に対向しても事象のなかに在るのでなく目的を為し得るような素材たる客観との統一を、自分、は、成し遂げていない。ここから、自分の内部が専ら観察される、心理学上のものでなく、自分の対外的で積極的な作為行動によって、現象学上のものが産生される。この時、自分の肉体性を克服し自分の他者を捨象し抽象的自己同一性へと止揚する心、に、自分は成る。

いよいよ、心が外接性として機能するのに焦点をしぼったものが、現象学、というジャンルに類する。自己の肉体性の否定こそが、自主独立と永遠への、自己の真実在、という基礎固めになる。自己がまだ肉体性に左右される内は、心という精神は、充全な観念態という現在でない。このような進行形の一段階で小宇宙の或るキャンヴァスに、この心は、自己の人生というひとこまを着実に記録として残す。

精神の他者である理性はあたかもこの心の行動において主体であるかに観える、事実そうである。精神は、自分に対応し自分を対象として専ら自分の定義がどうあるべきかを、自分、は考証する。ゆえに、自分は自分の概念を異種としてさえ発明生成する精神、と成り得る。そこで自分の真実在・真現在に、精神、は達する。この達した目標がもう一つの自分の他者理念、である。

九八

主観と客観の一致とはどういう弁明か。自分の持味から抜け出て対象との異和から抜け出て両者を均等に包含する、現在態が統一体として表白される。いわば、精神の内容はかねての思惟を起点とするものから改善され、自分という主観的内容が止揚された客観性へと移行する。換言すれば、旧来の主観と比較して、この自己思惟は進歩的主観として発達している。

九九

活動して止まない精神はどのようにして段階的で発展的な自分の地位を獲得するか。

精神も、元来は普遍性として大自然のなかに、相互外在、として在る。しかし、人間精神のみは、思弁学的にもそれら万物から自立し独立宣言を為す。

人間学において、人間なるが故、精神は自主的に主体的な地位に置かれる。とはいっても、人間学では精神は副次的であり肉体につれそうもので相対的である。現象学で対象へ向きあう対向的・外接的な思惟する精神が現出する。そして、第三のジャンルで精神は肉体性から脱却して独立し真に抽象的・観念的な現在態として主我的な活動を為す自由という身分を得る。

フィロロジィに端を発し、そして、心理学と人間学を経るなかで第三のジャンルとして、区分、されたのが精神学である。何よりも、人間精神を、人間性・動物性・生物性一般の肉体と区分し独立する新種として考察され位置づけられる、もの、が精神学に他ならない。ゆえに、肉体という本体からさえも切り離された自主独立の観念態という、精神、がここに生ずる。

或るジャンルに定位置を得た、精神学、は独立性の活動的な精神が永遠性の理念を生むのを期待する、精神は自分自身もこの定義により産生的な自分の地歩を確実にする。最早、自分は肉体を離脱したが対象に対面しつつもはるかかなたの宇宙に在っても再び自分に回帰し自分の心像に具象性を与え内化を強化し自分を完成させる、精神、である。対象にあっても自身と交渉し自身を創るべく定義し、自身は自身の概念を構成する。

この結果過渡的ではあるが精神の在るべき真現在態・真実態が完結させられる。単なる心では主観と客観の調和が外接的でいまだ自分は自分に回帰していない。思惟においてもそれら定義というか意味づけという決定性が曖昧である。自分の他者心・意識・思惟間で対立は残っても結果する精神でそれが棄てられ外接性の媒介された、主観と客観の統一、が成立する。

主観性と客観性は、相互に、生成流転する。

主観なものと客観なものとの媒介された統一が回復するに因って内面化が完了し、精神の内像、が具象化される。このようにどこに在っても、自由な真現在として実存し、ひいては、否定の否定を通じて段階的に、永遠の絶対的無限性、へ精神は出立する。

第三章　段階的精神

一〇〇

精神は主観と客観という両面を所持する。前者の時在るべくしてある、知性、で自己の理性を考求し自己を完成させる資格を有する基礎として、自分、は在る。後者の時には意志で思惟として活動の主軸であり何よりも客観を取得し自己の内像へ内面化しそれの心像を充実させようとする意欲を、自分、は内包する。

客観性へ到達した完成性という、精神の理念、は独自の理性によるばかりでなく媒介された素材との統一に在る。

自分も、いまだ、不満足で未完成性の知性、は与えられるべき所与性として在る客観内容・素材を理性の絶対的尺度で測定し、それに、理性性性質を加味し理念を注入し自分のこの中味を具象的普遍性にまで、自分、は完結さす。

一〇一

自分も不満な知性は、自分が持つべきものはただの観念ではなく客観概念であり、他面、対象は所与のものでなく精神自身が嘱望するもの・精神自身に属するものである。ここから、主体的で主我的な中味という形式を、自分、は取得する。このように、自分が中味を自分が咀嚼するものから取り出すという思惟に達するによって、自分、は自分自身を目的にするようになる。

心の知の精神が自分と向きあう自分に立ちかえるというのは常態、である。平常の段階的な素材へ向かってのアクションは、すでに、それの知的な思念の止揚にもとづいての自分の理性という、永続性・完結性、である。自分の能力を基礎としてそこから出立するの他自分の道はない。

一〇二

主観という形式は、生来のまだ或るテーマに添って構成されていない未定型という精神だ、もちろん、自分はこの不満足を知る。この不満足の他者を捨て客観を目的とする輪郭まで構築し止揚する心に、自分、は成る。そういうわけで、もっと進化した自分という姿は、今までの思惟による蓄積からいわば思念という自分の内奥から、客観、を取り出すという活動態である。ゆえに、累積的に自分の内面を自分が客観性へ進行増進させるに、主観の発展が在る。

客観は精神自身に帰入・属してこそ、意義、を持つ。ゆえに、真の精神は昼夜を問わず永遠という万里の宇宙に旅し、全ての現象を画策、し自立的にそれらを宇宙のキャンヴァスに、自分、は具象していく。主観と客観という統一、はいつでも精神の真実現在という実存になるべき、である。

一〇三

心の知の知性は素材である対象を前もって付与された様式とする、のでなく、今までに自分が蓄積した実績として、自分、がそれを素描して自分の内部から抽出するもの、とす。自分が自分の中から取り出す、意識、はそういうわけで自分のより発達した実践的精神による、意志、と同義である。

意志は何よりも自分が秘めている自分の内奥の素材と関係す、そして、普遍者にそれを関係させ且つ照応さす。自分が自分のものとして知っているもの、とは何か。それは、自分が身近なものとして関心を示すものある程度においてなにがしかの素養を身につけている項目、である。それらは自己内に回帰し諸普遍者と混淆して、自分を、自分自身のものとして自分の概念となる意欲の結果、として、自分、が止揚す。

一〇四

客観的内容とはいっても対象は或る特定のものにかたより個別性の強いものである。この時自分も満たされない主観の知性は、自分に対立するような客観を、理性という絶対的物差しで測定しこの中味に理性性性質を加味しさらにこの中味に、理念、を注入し自分の基体へ内化するによって、自分、は自分という心を普遍的な具体的表白にする。

自身が不満足な心の主観は、精神の概念に不適当な表白を捨て陶冶しつつ徐々に知性から理性にそして理念という段階的な理知へと、自分、は昇華す。それによって、対象は外から与えられたものでないかのごとくしっかりと内像として内面化される。

このような進歩的主観の動きはあたかも自分が主観を脱し客観性としてふるまうごとく観ぜられる、という定義性に達す。

一〇五

心の知は、自分の中味を、出立の時における自然定義から自分の意識・意志・意欲という活動的推移によって概念定義・構成的決定性へと、自分、は終息す。概念とは、不満足な心の輪郭が絶対性統一として構成決定され安定的に措置された状態、という自分の姿だ。それは、自由という普遍性で永続性・永遠的な自分という生命だ。

人間学で前段階的精神とはいかなるものか。

肉体的個別性で独立し、そして、自分を自分の外側に現在する普遍性で定義するのが、精神学にいう自分、である。そうでなく、単に自然性・全体性のなかで自分の段階的な具象化と簡単な普遍性で措置するのがここでの精神だ。それで、まだ肉体に隷属するような単純な普遍性の心は基体的な知性であり永遠を志向する、精神、でない。

一〇六

本当の精神というのは、形而上学において、肉体から離脱し宇宙のかなたで詩や歌を詠ずる。いわば、それはすでに肉体に対して独立宣言を為した。

肉体的個別性で自分の外部に現在する、精神性、という営為的な普遍性で、ない、のならまだ自分は真の精神でない。まだ、肉体にやしなわれているので、自分、はただ単なる平凡な心である。

肉体と精神の区分はいかなる定義性か。

肉体的個別性とは、自分は自立しているような単体だが自分の本源性として肉体に依存する地位に甘んじているもの、である。それでも、人間学の分野では行動科学の見地からそれの肉体に主体的地位を持たせそれに追従する個別性精神という、定義、が成立す。

一〇七

出立の時、精神、は何のかまえも無い自然性である基礎となる、心、ともなる。非物質性でいよいよ、それは、普遍性として発展するべき観念性だ。この観念的生命、は基本体であって明日へ向け生成発展する、現在体、で精神の全ての個性化・特別化・分化の源、である。このような多様的派生は、精神が、自分の他者を生み同時に自分の不要な他者を捨て捨象発展する、姿、ともなる。

精神と肉体の分離は可能か。

さらに、精神の活動過程で、それは、どの程度まで自らの独立性を達成する、か。心身共存は断定的概念として解されず、不可解な項目、だ。心と身体が各々絶対的に、独立、なものなら両者は互いに浸透できない。ここから、自ずと精神の自立性が、演繹、される。

一〇八

心は非物質であるとする時、一方では固形の物質が真なるものとされ他方で、精神、が事物的に現象するものと呼称する時最適の、命題、が生れそれから帰結される、論証、が正当化される。不可量物は重さは無いが感性的現在として多少危険な要因を持つとしてもここでの、精神、を生命物質とみなし止揚し、精神学、が永遠の主体としての活動体・生命体という栄光、を付与す。

生命の実態は何かというと、主観が観念化するものであって、主観という形式の概念で現在す、それの仕組みや成立いうなら概念・実相は主観にすぎないが何分、それは、未完成である。しかし、依然として自分という命であって、それは、自己内現在であり自己外現在ではない。目標になる自分を補完する素材・客観は自己外現在として現在、す。

一〇九

在るべくしてある構成され意図されるべき理念性という、精神、はそれの現実現在は直接性個別態でなく、絶対的否定性、という、自由、である。このように、自分が固定されているという固定性のなかにはいささかの発展も無く否定の否定で永遠に向かう、精神、のみが真の発展図式として表白される。

自分という精神はいったいどこで独立する、か、時空のなかでも。

心身共存という、命題、はただ精神の段階的な発展図式で浮上するのみで精神の自主・独立という、終極図式、からは成立しない。それの出立・萌芽では共存も在りうるが精神の、絶対的無限性、という自由こそが、本命、である。

一〇

精神は自己内に区分を持つとしよう。区分を持つとは、自分、が自分の他者意識を持つ、いわば、区分を持つからこそ自分に自分のいろんな性状が現出す。それでは、反対に区分を持たないとはどういう表白になるか。自分が分割される恐れが無いし、自分、が自分を区分する必要も生じない。いうなら、能動的にも受動的にも心という、精神、が思惟という活動性を休止する状態に入る。

精神という心の知が自分の区分としての、建設的意識、を持たないと積極的思惟が成立せず自分の内在的発展がなくただ単に雑なものが、外接的、に自分の内像に付加されるのみである。

真の精神は希望観測的な意図のもとに理念性の未来像の基盤を持つから対象という客観と永遠性の自分という主観との、宇宙的統一を自分は為す。

一一

大自然は精神性へ転化す。

大自然とは対象・素材と人間を包含しての総称であって生きとし生けるそれらが、精神、との統一として表白される。いわば、精神との統一であるゆえ自然という非物質性に、それは、或る作品として帰納させられる。それで、この統一は感官の感覚が生む、結晶、である。ゆえに、こういう精神はあたかも人間それ自体として集約され、それの肉体性と大自然の肉体性、をも克服したかに観ぜられる。この肉体性でもあり精神性でもある大自然をそれらから精神として、自分という精神、はこの総合を吸引す。

自然という非物質性はこの肉体性から放出される観念性であり、同質、の素材として対置されたものを、精神、が吸引し自分の心像を完成させる。

一一二

心という心情と物質との対立をいかに解するかは、心情の肉体に対する状況になる、そして、各々の他方に対する独立ないし従属を論じつつ、最後に、両者の立場を、精神学上的地位に即して結実させるべきだ。

精神学において、精神、は肉体・物質を凌駕し独立的立場で全てを観念化し表白するのが注目される。そういうわけで、精神の立場の段階的立証と発展は、自分という身分的完成と同時に、後日、自分が諸々の産生を為す中味にも影響を及ぼす。

心の知における感官・感情、が真の理念にとって出立の時から基体になるとしてもそれから徐々にしりぞき今度は、知の知性、がそれの理性として自分の基礎に回帰するなら心・心情と物・肉体との対立、いわば、自分という主観的自我と普遍的肉体性との対立が因果的に固定した対立、になり、心情と肉体という相互関係、が両者のうち主体的で且つ活動的な独立者となった一方が両者に対立する機能、に成る。ここで、両者に対立するというのは、自分が自分の他者なる、区分、された他の精神とも対立するのを含むとすれば論証的、になる。

通例として、生理学的と心理学的では精神と肉体は共働するので切り離されない、そこでは、一方が他方を相互に補完する。分離されると帰納法的に導来される双方にとっての、成果、は得られない。しかし、精神学は両者の対立を克服し自らは精神に独立宣言を為さしめる。

生理学と心理学はそこでの弁証で肉体と精神の対立を持つべきでない、対立とは、一方が他方を必要としないし各々が独立・自立するをいう。それに反し、全き単一な一者・全表白の一深淵という精神を、精神学、は具象す。

一一三

多種多様な要素の可視的・有機的集合が物質なので、精神という観念性、と区分されるゆえんが生ず。そこにおける、このような複合的な物質が抽象的な一者とひっくるめて論じられるのは不合理ないしは不問として、それ、は闇に投じられる。この弁証からこの一者精神は独立す。

自然は原義で肉体性も精神性も包含す。

いったい、自然は、どういうものか。精神学で全てのものを総称し全てのものを包摂するのが、自然、と成る。ゆえに、自分という精神にとって、自然、はあたかもイメージとしてのみ在る。このような時、大自然を感知しそこから世界魂の感覚・自然の非物質性という感覚・自然との統一的感覚という思惟を、心の知という、精神、は主語という自分となって専有す。

心はどの程度まで有形性を主張する、か。

自分が段階的発展でいくら永遠性のものに近づくとしても、物質性、は絶対性のものではない。観念性・抽象性として、精神、は浮上し自然が発散する、魂、との統合という感性いわば全てに魂を吹きこむ大自然からの自然性という感性との結合から成る自分という、非物質性、も在る。当然、自然も実存の現在という素材的、非物質性、の概念だ。

自分は大自然に対面す。

対立とは何か。心と物・心情と物質・要は、形式として心情と肉体で両者の自我が対抗し自立・独立の気風をかもす。生理学と心理学はこの対立という不動性を克服する、のを知らない。というよりも、このような状態を重視しないという気風が在る。

よって、精神学での心の知はこの対立という条件下でいかに自分の立場を認識し、自分の地位を抽象的に捨象しひいては自分の肉体性をも陶冶して、自分、は自分を永遠性の概念とす。

一一四

可視的なので自然は、物質性、ではないか。

自然は物質性であって非物質性ではないんだという一側面をも持つ。この時、精神は自分の思惟でこの対象を固体という肉体にするし、逆の時、自分はそれを抽象性でイメージアップする。

自然は客観として在るから精神のように主体的で主観としてのような、活動体、ではないとされる。

自然は対象・素材として受動的に現在し主観によって捉えられ、それによって、主観と客観の統一体となって、主観の産物、として宇宙のキャンヴァスに表白される。

大自然として総合的に普遍性で受身的に現在す。このような時、全体から区分され切りとられたように現象し或る映像を、放出、するから主観が外化を内化に転化させ自分の表白を結果させる。

一一五

心を事物にするとは、心の知という知性、が自分の或る目標に従って生成した具象的な内像を一つの作品として、自分、が措置するに他ならない。それで、この知性が休眠中の時や単に活動の途上に在る時はそれを、物質性、とするのは当を得ない。いわば、限定された素材に感覚作用の効果が及び主観と客観との総合と昇華で、映像化、された時にそれを事物として、自らが認証す。

心を事物にするというのは、自分の、根本的な在り方とも関連す、いわば、物質性と非物質性を不問に付しとにかく自分を対象を自分の力量の及ぶかぎりにおいて、時空、のなかでいわば現象するという形式において自他統一の結晶体として在る形象化が具現される。

このように、精神という自分は、いつも、物質性と非物質性のはざまで死闘をくりかえすと言っても過言ではない。

一一六

元来、精神は観念性という定義性で決定づけられる、この抽象性でなく具象性・具体性へ止揚する思弁的・弁証法的論理学こそが、事物・単一性・不可分性・一者という、心、を物質性へ昇華させ転化させる、何となれば、物質性こそが可視的という決定性である。

論理学でなく思弁論理学とは何か。

いくら、精神でつかみ所の無いもの、とは言ってもただ単に抽象的にかたづけてはそれの輪郭もおぼつかない。それで、自分の独自のものとしてイメージする絵画風の心像でも地道にそれを心的な或る、風景、として心の知は自分の内像として、デッサン、すべきだ。どんなに、廻り道とはいえそんな風な営為が自分の知性にとっての、永遠で永続、という理念的財宝を生む思弁論理学とされる。

一一七

自然というのは自然界であり総合的観念で人間精神と当該肉体も包含される、このようななかで自然・肉体性というのは相互外在である。相互外在という自然性・原点は外景・風景でこのなかに、心の知、も在るとされる、いわば、この外在に潜伏する潜在的で支配的な心の知、いうなら、自分が在る。精神、がそれを陶冶し捨てる。この捨てるが心の知により完了したから、物質の観念性として、精神、は全ての相互外在の頂に立つ。

物質は心・心情により観念化されたので非物質性に転化し結果あの相互外在は独立性をうしない、精神、はそれを非独立性にす。

相互外在の各々が切りとられ区分されたら個別化になり、精神、はそれをデッサンし抽象画や詩とするに至る。

一一八

主観は主体的な精神だ。

どうして、この精神が自然・肉体を支配するかにみえ凌いでいるのか。別の視点で客体・自然たる対象・素材から発せられる精神も在るとされ客観であり活動せず静止的だ。そして、この精神は全ての自然で動めく潜伏的な客観精神であって自分の肉体を棄却し浮上するように観ぜられる。ここで、この主観精神はイメージとして湧出する、客観精神、を支配的に捉え自分の内化を完了し主客の統一を為す。

弁証法は精神をどう定義するか。精神は意識であるゆえ、自分、をも思惟するし対象も思考す。普遍性として、自分、は非物質性であっても対象を支配するし独立す。

非物質的なものと物質的なものは、相互、に独立的なものとはされない。或る目的を持つ主観たる、精神、は自己の他者である意識が自己を個別化しそしてこの普遍的な一者が自然として、現在、する物質性という多様性をおおいこの一者たる、自分、が集約す。

心の知という精神は適格な身分的地位として非物質性である。自分は全ての肉体のように固定されていないから、自由な思念、となって対象たる素材と向きあう。思弁論理学と思弁精神学は純粋精神学まで進歩するによって、自分、を主体的・能動的精神とす。

物質的なものの観念性はイメージとして湧出する受動的精神とされる、自分の理念は永続性という精神なので自他ともに在る統一的精神へ、自分、は志向す。

精神の完成は自分の基礎から出発し自分の今が予期する概念形成という開花だ。自分の潜在態から最良の現在態へだ、主観である自分が秘める潜勢態から現状という現勢態へ、自分、は到着す。自分と自然の最大公約数へ発展し、それは結果す。

一一九

心を事物にするとは何なのか。

心は観念性で自分も、現象、するものだが可能なかぎり現在性として表白しそれを具象化して自分が、自分、を可視的にする定義性・決定性をいう。心と物の対立を、やわらげる、というのは両者の本源を強調せず両方の統一的な観念性で物という素材も精神的なものとして捉え表白し物の抽象性を自分という、一者たる精神、に無理なく内化させると同義だ。心が意図し限定する或る心像を事物として描出し、絵、として自分は物質性を強化す。

非物質性と物質性という両様の実存形式で、心は、時間と空間の中に入る。自分の定位置として段階的に完成されつつ在る活動体の中途的なものとして、自分は、固定され静止して在る特性性で現在す。

一二〇

自分は発展的に段階的に永遠性に近づくべく進行す。そして、あくまでこう発展すべきというさし迫って個別に在る期待値を含むもの、目標物、が自分の能力によるものへとさせる。いうなら、永続性的理念たる精神を措置するとされるものを、自分、は自分という当の主体精神自身により措置されたもの、へとさせる。

真に物質は精神に属するか。

物質は非独立性という劣性をのけ、唯物論、で独自の道を歩む。ここで物質と精神の関係で両者は、対等、に独立し二元論において物質は物質の他者・精神を排斥す。

二元論で物質と精神は主我性になり自分の肉体性という局面を排除し思弁論理学において独自の地位を得、精神、も永遠性という自己完成へ向かう。

二元論という華々しい命題は肉体と精神に独立性を付与したが各々の生成発展の途上で空しくその命が絶たれた。ゆえに、二元論それ自体は単に肉体と精神を区別だてしたにすぎず両者の協力による共働関係や相互関係に着目しての独自の、思弁論、の展開は為されない。ただ、弁証論のスタートラインという出立的定位置に、それは、双方を立たせたのみだ。

普遍的な、神は、唯神論、に通ずるか。

神を心身関係として表白するのはそれを人間に引きつけ可能なかぎり可視的に象徴するため、神、が人間に近づき、他方、人間の肉体が神なる精神になるという神格と人格の交流からだ。

二元論から発し物質と精神で、一方、が他者を棄てるのこそ自らの延命の秘策だ。今度は、唯神論に立脚するような精神学で、精神、は全ての肉体を自分の脚下に置く。

一二一

いつでも心の原点は独立性だ。

心の独立的進展は次のとおりで、当初は、出立時として在るがままという自然定義性だ、そして、単一で主体的だ、いわば、一個という個体的で直接的対外関係に、自分、は在る。

肉体を離れても離れなくても、心、は観念性である、抽象性で出立しても、自分、は心の有形性として肉体性だ。何らかの型として在るがこの肉体性を充実、進展、させてさらに自分という有形性を、自分、は強化す。一個という個体的なものとして出立から完成まで対象に外接する直接現在という身分で、自分、は実存す。

心は出立の時まだ何ら普遍性に達せず、ただ、それの対外的で外接的な基体をなすのみで積極的な活動に至らない。自然性という自己内活動は自分が自分に対面するのみで対象を具象するのでもなく内化をも為さず空想という抽象性だ。この自己内活動は何らの完成性の決定性を持たず自己の他者いわば特別化・分身化をも成立させない

自己外活動になる主観から客観への移行は、外接的感覚、が客観的意識として素材を咀嚼吸収し普遍的関連の一局面とさせて、内化、し或るデッサンとしながら自分の感性的個別性と外接的現在とを統一し、自分、はそれを克服するに在る。この時外面的なものは、共時的、なものへ表白転化されて永遠の命を得る。

自分が従来からの教養でもって自分の基体をある程度結果させているのが、客観性意識、であるからそれをさらに自分の思惟に加味し対象を止揚するによって自ずと外面的現在に一部始終が影響されずに、客観、が得られる。このような精神現象について事象の感性的現在に、客観性意識、はほとんど拘束されないという定義性に至る。

一二二

客観の形成はさし迫っての眼前の素材からのみでなくこの精神のイメージによって遠隔の地における画像をも加味しつつ合成的な映像として自己内へ回帰させ結実させるもの、とす。自分の感覚によっ

て、心の知、が素材を捉えこの切りとられた個別性を或る一つの絵として普遍性まで止揚されたと認識し、対象たる他者と自分、との統一性完成性を生成した時、自分、は自分の独立性を真に保証す。心の知という精神は制限されて在る。ここでの制限というのは多少ニュアンスが違う。制約されている・限界が在る・限界に来ているではない、それは個体的・個別的、なものとして他のものと類別的に区分されて在る。ゆえに、自立性で特殊なものとして、独立性、に在り自分の特性を生かし身分的範囲内に在って永遠性で、それ、は発展を遂ぐ。

あくまで、自分の域を逸脱しては在り得ないのが心の知という精神だ。

制限されて在る心の知は単独性で全ての局面に各々が面しているからこそ部分的なものとしても、個々の心の知、はこう呼称される。大宇宙と大自然のなかに在る、それぞれの心、はゆえに小宇宙とされる。

大宇宙と小宇宙のかかわりは何か。

永遠性という心の定義性は段階的発展でもあるから今までの表白活動の成果として知的な、蓄積、を当然精神は持つ。この蓄積という自分の能力的定義性で自分という、小宇宙、は大宇宙に対面す。自分が関与する宇宙の一画を切りとり外的諸関係の断片として、自分、は宇宙を得る。自分の宇宙をこのように専有してこそ個体的な世界が開けここを舞台となし自分の理性性思惟によって明確に、区分、された個別性を個性的な寓意を付加するなどしてキャンヴァスに自分は描く。

一二三

精神は自分と対立す。自分の実体的全体性・自分の個別的世界は、単独性・個性的、で今自分が観る宇宙だ。自分は主観的自分・主体的自分なのでこの実体的全体性を現在的客体として自分から切離す。そこで、それを自分は対象となし対面のうえ内化させるによって自分の、意識、は内像としてこの宇宙を確実なものとす。しかし、まだ客観的意識まで充分完成されず、自分、は自分の発展的な内面的定義と吟味照合するに過ぎない。

生来的に個別性として大自然という全体性から、精神、は区分されて在る生命体だ。自分が区分されて在るというのは、自分、は独立性である。ゆえに、自由な身として大自然と対立し否定の否定を通じて、精神、は段階的に発展す。この対立を自分に持ちこむのは、自分との対立、と同義で内化作用だ。

一二四

心の知の精神は自立的な活動主体であり自分が自分と対立す、ここで、対立というのは対面と同義だ、いわば、自分という主観が客観を自分に呼びこみ自身と談義す。外的対象・素材へ向かう自分の他者・思惟と意識を自分の基地へ回帰させそこの、能力、と対立しながら目的物を止揚し自分が自分を育てる。

自分が自由とはどういう定義か。

精神が自由であるとは自分の思惟が他者から妨害されず表白が曇らされないのをいう。いわば、意識は自分の表白を純粋に、無垢、なものにす。

心の知という精神が苦悩におちいっておれば自由でない。精神が自分の個別的世界の未熟な内容を、出立の時、外接的なものとして否定的に措置し自分の発展を期してこの内容を肯定的に修正し簡略なもの・観念的に普遍的なものに転化するによって素材の普遍的なものが精神の普遍性と合致するに至り精神の苦悩が解消され、自由、が得られる。

当然、素材に拘束されず独立的に心の知の精神が現在するのを、自由、という。自由とは主観の極致として在る客観へ向かう自分の現存在・姿にとっての必須の、条件、だ。外接的な素材をよく認識し昇華し自分のものにするによって内化が完了し内像が完成され、且つ、それでもって心の知の本領たる外部に対する、外在的現在、という確固とした自我現在が開花す。

心の知の精神は基体としてある程度発展した普遍性である。この時、さらに素材を受領する内化で自分の普遍的なものが強固にされこの精神の普遍性を、独立的、なものに現在させる。自分が素材に左右されるうちは、自分、は未だ完成の域に無い。自分が素材の客観性を消化吸収し内化し自分の内面性整合に至り完結させ、独立、する。この現象を自分は素材から、解放、されるという。

一二五

心の知の精神は基体的・抽象的に主観性と客観性との明確な、区分、を持たない、いわば、自分は自然性の統一のなかにいる。そうではなく、自分が自分を支配できず或る個別的なもののなかに執着している、自分の他者とで錯綜している自分もいる。自分が自分を支配できないとはいかなる決定性か、それは心の迷いである。いわば、目標という今の定義性を、自分は喪失している。出立の時、自分は自然性の統一のなかにいる、さらに、今度は主観と客観との統一へと自分の、定義性、を自分は深化させるべき。活動する通常の自分という知性は肉体性を排除しそれ以外の理念的、精神、の内容を客観として自分は宇宙へ投射す。

心の知の精神はいかなる思考の発展過程を踏むか当該活動での自由な形式は何か。それの或るものは思考段階における自分の他者がそれぞれの地点において各々の質量を充分いかすにある。自分の感覚・思惟・意識という能力をもちいての表白の陶冶という方式だ。

自分の理念は永遠性であるからそれに照応させて素材をも自分の、構想、に沿って対象を絵画化するなりして表白を自分は完了す。

自分は、まるで、肉体という基本性から発しているようだがそうではなく肉体を離れ、逆に、それを自分は、支配、しコントロールす。

精神の発展段階で自分意識の高揚により、且つ、自由な様式で素材に対応しそしてそれを自分は自分のものにす。この表白で当該対象の拘束から解放され自分も自分の肉体性からぬけだし同時に対象の表出も自他ともに在る肉体性から離脱させてそれを宇宙へ自分はなげだす、ここに二種の、自由、と独立性が生来す。自分の主観性を発展的に措置し対象をもとに着想しながら結果させ、そして、自分が生成したものは自分という、真実現在、である。

一二六

自分を自分で育てるのが出立からの感覚である。感ずる精神は単一性で個体性だ、そこで、個体は感覚作用の単なる空想性・抽象性という主観だ、ときとして、この主観は自分の進展に応じて主観性・客観性として出入す。この時、自分の基本性いわば単に雑然というよりも自然な状態の自分の、充実、を目標たる主観性としてこの個体は措置す、自分が自分を独占し支配する威力となる。

自分を永遠性にする主力とは。

自分が永続性の命になるにはそれなりに自分は自分を真摯にみつめ自分をよく知り自分をよく統制すべきだ。この永遠性の本源が自分をよりよく指針する未来への、統制力、だ。

自分が自分を、支配、する威力になってこそ心の知の精神は、大宇宙、という他者から独立的となる、何となれば自分は、小宇宙、という自立的精神という現在だ。自分が自分を支配する威力になってこそ精神は独立的である。ただ単に、何も思考しない自然性の個別性でなくて、自分、は内面的な個別性という自分が自分と対立し関係する総合性で出発様式的で自覚現在に位する自分だ。

自分の活動はどのような弁証法的根拠により進展し、そして、自分の完成はどのような位置づけの現在性という表白になるか。自然という肉体性から離反し、精神、は実存的現在として規範づけられる。

空想性はいわば抽象的で観念性であり実在性の否定だ、観念が先か実在が先かは興味の的であり論争は尽きない。ここから、それぞれ自主独立的なものとして分派的な唯神論と唯物論が誕生す。

空虚はからっぽで抽象性だ、にもかかわらず、自分という精神はこの空の器に、実質、を注ぎ自分の容姿を精神学の本旨に依り、有形性、として自分は完成す。

一二七

精神のありようの、区分、は絶対こうだと決めつけられない。万が一、そうだとすればそれの表白は、たとえば、観念性は実在的なものの否定である、というのは、観念は実在のものの否定である、の方がむしろすっきりする。ところが精神学の現場ではどうしても前者のごとくの表白となる。このように、何々性やら何々的というに拠りこの、関連、の表白に或る一つの表白上の幅ができて隔通性も生れる。名詞に、性や的、が付加されるに拠って。

観念性は思考的で、対象、から取りいれた普遍性を自分の画像として、空想的、に絵画的に表出するから事実上抽象性の基体として在る、自分、は自然としての実在的なものを排斥す。思弁論理学の発展的進行による純粋精神学で、自分、は自立自尊の精神という独立宣言を為す。

一二八

個別的に、心、は排他的で主我的な主体として現在する自分である。区分を、心の知の精神、は自分の中に設く。この措置されたものは心の知の精神にとって自分の他者である、感覚、で活動の先駆だ。同じく他の自分の他者、意識・思惟・知性・理性はある程度段階的に発展した、客観性、を持つがそれらと違い外的客観でなく自分という感覚は、感覚的全体性、という機能の定義に居る。このような状態に在って判断という、自己増殖による分割、の時心は主観・主語となって自分が結果した暁に或る表白体が生成される。

自分という、心、が基体的な概念として身につけているものが、観念、である。いわば、観念性は空想的なものであるがこのなかに否定的であっても実在的なものが、自然性、として肉体性のように包含されている。いつも、永遠性へ向かう段階的発展性の、観念、という定義に自分は居る。この時、自分の基体的なものとしては諸感覚原理・諸表白・諸思想から各々の、精神、はできている。可能性として無尽蔵な宝庫だがかねてはほとんど、自分、は単純な個別性・単子・モナドである。

自分の感覚により個別的で個性的なものとして、精神、は表白される、対象を止揚し内化により結実した内容を、自分、は持つ。それによって、自然的に在るものでなく自分なりの特別な精神であり特別な世界・小宇宙をこの、内容、は持つ。

自分という、観念、の存在は宇宙という素材の一画を切りとりそれを特別化し外化から内化へ転移し自分の、観念的絵画性、を昇華して自分は自己生成へ達する存在意義である。小宇宙の完成の姿は、観念、の完成の姿である。

一二九

いつも精神は、自分、と対立す。自分は対面的に対象と対立してもその本性を自身に持ちかえり自分の内像へ内化し自分が、自分、を強化す。自分のこの現象は自分が自分のもとに戻るをいうので自分へ、回帰、するとされる。

精神にとって、意識、は自分の他者である、精神学で主語として登場する主役はほとんど、精神という自分の他者、といっても過言でない。精神現象学で現象の、先駆、を為すのはこの意識と同義の思惟だ。精神のうごきは意識のうごきである。自分の、現象、というのはこのうごきであって活動だ。それは現象学でいう主語になる。自分のこの現象というのは、個別、の主体的生産になる。自分の現象というのを自分という精神の本源をなすものと、同質、にするのが意識の目的だ。いわば、この行為で自分というなにものにも代え難い精神の生命性を現実性という現象たる、事実性、にまで自分は対象を止揚す。

精神が意識に対する、現実現在、は自分があくまで段階的に在るという仮定的で形式的現在だ、それで、有限性という決定性いわば定義性に、観念論、は個別の精神を置く。

心の知の意識にとって、客観、は自分が意図し構成しようとする期待値であって確定性・真実性の域を出ない。単に、予測として抽象的に自分のものとされて、客観、は措定される。自分は客観のなかで未完成の抽象的主我の姿で自分の基体に回帰す。

自分は個別として限定されて在るから、自分、が表白するのはその時の自ら希望する範囲内だ、ここから、段階的な客観性の自分が完成された。ゆえに、単なる表白は自分が作る、確定性、と自然として在る、真実性、との間に明確な、区分、を設けない。絶対性を希求するがまだ、自分、は絶対性になれない。

一三〇

精神にとって知性は自分の基体でありここでの思惟による表白は知性の産物として外接的位置づけで言語により明証される。このように精神の止揚という言語群的で、語彙的、なものは精神の能動的機能の面から観ると精神生理学的な思惟の現象、発動、で定義される。精神生理学はいわば本源的精神についての行動学ともなる。

知性はどのような位置づけに在るか。

大自然から、区分、され限定されて主体的な個別の活動体として在るのが独立的精神という心の知の知性だ、心の知の意識によって対象が陶冶され内化により主観と客観との永続性の統一に在る、知性、という自分が居る。このように、いつでもどこでも心の知の直観は事象という素材へ向きあう、知性、から出立する思惟でもある。

一三一

素材の客観から自分の知性に内化し自分の内像を強化す、客観の中で想起してこそ永遠性の精神の誕生が在る。自分の内面を、客観、として自覚するのこそ主観の陶冶であり、そこ、に永続性の表白が在る。ゆえに、たとえ瞬時の実像ではあっても、それ、は永遠に息づく連続する実体だ。

心の知の進展過程は外接的な直観による内面化の進行で、知性、が実行する概念構成の深化と同義だ。こうするによって、自分の知性という、観念、の現在が未熟ながら段階的な成果で発生す。いつも、自分がまのあたりにするのは時間と空間の形式における現在の自分の要求に合致する、知性、の真実現在だ。はかない一過程の、現象、を自分は止揚す。自分が活動するのも現象、そして、対象が放散するのも現象だ。この過程から主観現象と客観現象の、統一、が現象学上で演繹される。

一三二

外面的な、自分という直観は、既に、自分の基体が発展している、外化で対象を描出する能力を持ち、そして、自身に回帰し、自分は、内化を完了す。いわば、日々の活動で自分の知性という基礎は発展性を持つ活動体だ、換言すれば、直観の実力というのはそれの基礎として素材と同程度に自分の内容が発展しているのが望ましい。直観の質量は今から受容する、実像、と同程度に進展しているべき。
心の知による思念という思惟が、現在的思想、を持つのはこの心の、知性、が自分の理念に外接性の形式を与える時だ。自分という内面性から区分されてこそ客観性という、外面的な普遍性精神の因子、を自分は自分の心像に移植できる、と同時に、自分の内化の状態は極致として止揚され刻印された、外接性、の精神になる。

一三三

いったい表白の本源とは何か。

精神の思惟による表白は、二面性、で文字化すれば作品になり、単に、自分の内像に日々付加するものは陶冶いわば取捨選択される。

時間と空間のなかで自分の表白として意識と思惟の内容が或る一つの観念と、思想、となって描かれる。符号を含む文字群により、記号化、された或る作品は具象性なので永続し自分という内面にも内化される。あくまで、直観でも主観性の強いものは自分の心像に同化させるべき記号性・記述性のものであり対象が持つ実質の客観よりこの、表白、はほど遠いものともなる。ここから、言語記号によるものはより自由で欺慢的・文学的である。

記号の実体とは。

記号は記号性でもある、絶対こうだと言いきれない。たとえば、或る主観は一つの記号である。当初は記号は文字であり文字群で、集合する、語彙、により自分は自分の実体を表白す。いわば、記述性で自分は自分の内像に潜んでいる。ただ、自分は漠然として、現在、する自分ではない。

直観は外接的で、空間的、な理性性の知性だ。しかし、それの実質としては一つの自分という、実体、を持つ形象・内像を持つ、記号、に他ならない。いうなら或る完成された表白能力の在る心の知の思惟により止揚された直観で、自分、は現在す。

精神という、知性は、既に、段階的に発展しているから、自分、は直観という自分の他者に対する否定性で現在す。というのは、空間と同時に、時間という形式、の中で刻一刻と生死流転し、現在し消滅する、という記号の自身という姿におけるはかない直観の変化性に拠る、とされる。

一三四

心の知という精神は、自分、が肉体と共に一体として在ると思考すべきでない。進展している心の知性から出発する、言語は、いわば、言語の富、は主我的な特別の作用でしかも出発的なものは対外的客観に依拠せず本来的な自分の素養で表白す。ここでの外化と内化は、いわば、対象を逆に支配するような自分本来の意図が主力になる、そして、表現法としては宇宙へ向かう自分の内奥からの内的象徴法だ。

自然において多様の実存・共存にあっても、余計、精神は自立し思念する普遍者だ。多くの名前の事象とそれらの有する意味との統合性を止揚し、その名前、を消去し独自の名前と実像を表白するのが自分の内面態・真実態だ。この作用こそが永遠の知性となる、言語連合、を伴う思惟に他ならない。

一三五

精神は否定の否定という、連続、で進行す、ゆえに、知性は直観の否定性だ。記号は記号連合となると或る表白体になる、それで記号は直観と共に動き、時間の中、で生死流転す。ゆえに、実存と消失という反復で形象されつつ変質し外接的心理的な決定性で知性から湧出する、現在、がこの知性により決定・定義された、記号、という対象になる。音・発声音・言語音は記号になる、複雑化した話術と話術体系は良質の現在する記号になる。

種々の有益な外接的で現在的な諸動機により心における、もうろう、とした諸契機は不要とされ無意味化される。このような棄却は自分の知覚的直観の単なる、メモ、的な記号化でけりがつき、ここに、それらは単なる未熟な精神として終る。

一三六

記号は或る一つの生命を象徴す。

言語の有用性というのは或る言語群が、どのように、優秀な一個の生命としての、記号、を生むかである。

精神が思惟するとはどのような謂いか。

精神の知は自分という知性が、言語、を連想するによって目標とする概念を描写す、ただ、口先でいくら巧妙に演出しても表白体として対象は定着しない、言語を縦横に統一的に配列し、そして、或る対象を、記号、化して個別の一個という独立的現在を自分の成果として、思惟、は認定す。そうして、独立した個別の、記号、に大自然から区分された一個の生命が誕生す。たしかに、そこに言語の形式・文法が必要となるし秀逸する精神という理性的悟性が求められる。

一三七

知性という自分は、ただ、自然性として在るのではない、或る系列化された特性を持ち系統的に、整合、された素養を持つべきだ、いわば、精神は自分の能力の多様性のうえに居る。自分において、記憶と思惟が結合し連携するのこそ自分の全能が発揮される、記憶は追考になり思惟は思考になる、いわば、静的な前者と動的な後者との結束だ。このようにして自分の活動域が定着するに拠って自分という知性の内実が、系統的、にいくつか派生す。それで、記憶と思惟の往復というのは外化と内化の反復だとしても過言でない。

この外接的な展開で局面的・部分的進展での止揚が知性の系統化の一つをなしとげる、そして、ここに永遠性へ向かう知性の、現在、が認証される。

自分という知性の、系統化、はいわば自分というものを筋道をたてそうするによって自分を自立の一つの、ボディ、として弁証法的に再度肉体性を付与し自分は自分を明示す、すなわち、自分の表白になる。

今まで、精神科学では知性の系統化は、おろそかか、にされている。自分、がそれを概略的にでも解するのこそ永遠の、知性、のゆくえとなる。

自分という知性の形式というのは自分本来の避られない、性向、である。いわば、自分の特性であり自分の基体を成立させる型式だ。外接的活動における心の知の、思惟形式、は自分に備わる或る流儀だ、この形式のなかで素材は止揚される、自分は永遠性なので、無限な否定、こそ精神という思惟が現在する原因だ。永続性で自由に自分の知性を陶冶し錬磨し生長する心に自分はなる、心の知の判断として、本源的分割、は自分の区分であり自分という知性の基盤から今の至福の理念を自分が切りとる行為だ。

一三八

区分精神学は、自然学的と人間学的を各々専一な独立性として扱い相互交流性・補完性を排除す、しかし、このような分別はここ形而上学ではさして重きを為さない。

心の知による思惟の統一は、単に、主我的な確証性で形式的な自分の知性に、分脈的、に内化・内在されている定型的な形式主義、いわば、主観を固執するから思惟の進展という悟性は、さらに、自分の固定性を離れ素材の真の精神を自分は具象すべきだ。

内化・内面化により、記憶、を為す知性は当初の外接的直観から移行すべき諸活動を、今度は、言語表白を為す諸活動をになう、表白全般の知性、に自分は転身す。言語の直観というのは、自分の知性が言語的表白の表現を応用しつつ心の知性の諸活動を、言語表現、を為す機能に身分変換した時の直観、に成る。

言語的表白は、いわば、センテンス化だ。語彙の連想により、すばやく、一片の絵という概念を自分は文字配列す、記憶は短命だが絵画は永遠の命脈だ。

表白する知性が基体におさめているいろんな素質的要素の弁証が定義性だ。自然性という初期の時でも瞬時に多様な名詞・名前を素材として自分の、知性、に自分は内包す、この自分の認証が幾つもの系列化を示す定義性だ。理性が基礎にもっている多種の名詞・名前もおなじく素材と共に在る幾らかの系統化を示す、自分、というものの決定性だ。

このように、複数の名詞という、連合、は結局知覚する知性であり、複数の名詞を観る、連想、も感覚する理性だ、ゆえに、多数の系統化された自分の、知性と理性、を精神は自分の素質として有す。

このように、精神は同一の時間・空間という制約・条件で自分内で、自分、は幾系列という決定を経る、いわば、自分という心の瞬間的な多機能性が観られる。

一三九

心の知による我欲的関心・私利的関心は主体的・自主的な思惟になる強い主観だ、客観、はそれらの集結であり総合と成る所の束だ。ただ、客観は在るとおりに在るという、自然性、でなく人為的であって結果的でありそれは、それ以上、には成り得ない。

それだからこそ、全ての精神は永遠の時間と空間という、形式、で彼らは彼らを完成す。

心の知における、対立、は知性の思惟が直接性・外接性の発展において自分の外面化の過程で、いわば、主観から客観への陶冶の途上での具象的闘争だ。

予定的に自分の構想力によって素材の描写を為し対象との対立で、さらに、外化から内化へという往復でもって、対立、から止揚の結実へ自分の内像を実践的精神はもたらす。

一四〇

連続否定はどのような意義を有するか。

とらわれない、精神、という主体性は自然性で先入見に左右されない、ゆえに、先入観も無く、連続否定、という形式で自由に永遠の理念形成へと自分は向かう、いわば、心の知というのは永遠に、自分変革、を成す主我的な精神という活動態だ。バトルフィールドという観念世界で心の理性という、内面化作用は、絶えまない主観と客観の死闘だ。

精神が実体を持つとはどのような決定性か。

実体を持つものとは目標となる或る概念構成としての、輪郭、を具備する思惟だ、いわば、具象可能性という自分の基礎を自分は内像にして内包す、生来における自分の思惟こそ、思弁学、での永遠の発展性を秘める心の知という、基体、に成る。この自分の姿は、否定の連続という形式・実体を持つ進展して止まない心の理念と等価だ、生のとおり自然性のとおりの心の知における主観は客観に近接して、総合、される理性であり、自分、は自分の他者という精神の、実存、に成る。

純粋思惟というのは自分の他者という、区分、で特に自分を外接的で活動的な感情として強調する謂いとなる。直観と純粋思惟の作用で主観的思惟と客観的理性との、相互的自分介入、は素材の表白という段階を通ずる発展で終極的成果を産む、諸々の自分の他者を支配し統括して、補完的自分浸透を促し、現在的自覚的と潜在的自体的、な内容が思弁的精神という知性により自由な概念にされる。

いつでも、心の知の知性は現象・事象である、この主観的な理性が真の、思惟、により表白されると客観へ自分は止揚される。まだ、単なる言語の連語は言語の遊びだ、それで、心の理性が時々に応じ真の言語を対象に、応用する、ならそこに一つの永遠の表白が成立す。

一四一

素材群は多様な、名前、として個々の連合連想が構成的意味の中で総体的事象の名で残存するがそれらを、精神、は止揚しきれない、ゆえに、自分はそれらの外接態に在って内化行為という渦中に在って、即座に、自分は自分の正位置に戻れない、この時、今一度自分の内像が欲する真の意図を自覚した精神として、自分、は普遍者となる永遠の理念でありたい。

段階的に発展する知性は、もはや、全ての名前に関して自分の基礎的構成という基体を完成済だ、いつでも、自分の表白の下絵にそれは成っている。

知性による一刹那の思惟は直観となる、この直観の中身、いわば、映像に知性の理性は自分の思念の理念によって、今までに、自分の概念としているものの一個・個別化として具体的にも抽象的にも或る一つの名前を、自分、は与える、本来の自分の能力という表象の素地と外接的直観との、協力、が内化・想起という結実だ。

精神にとって、言語使用、の意義は何か。

表白において心の知は言語に拘束されずこだわっていない、自分はまだ未完成だし対象の描出という、可能性、は希望として未来へ未来へと多くが託される、即時的に自分の表白を完結すべく急ぐ必要等、自分、は無い。ここから、逆に逆の弁証法的なものとして真の知性による理性の、思想、として自分は自分を位置づける、現象という素材こそ永遠の精神にとってそれの思想の、本性、であり自分はそれを概念的にすっぽり覆うものと成る。ゆえに、死力を尽して多くの言語を逆に自分の、知性、は支配す。

一四二

あくまで、感覚は出立の時の知覚であり思考の結果となる表白でない、ただ、純粋思惟のみが事象の現在態を捉える、感覚と表白は単に時々の原因と結果であり心の知にとって精神の実存という心像的な現在ではない。現在には違いないが真の意味での現在でない、それで可とするのでなく、さらに、自分は未来へ進行すべきだから。そして、感覚は精神の部分であり表白は精神の、全体、であるというのも動かし難い事実だ。

直観はほぼ感覚と同義だ。

心の知の直感・直観は、いまだ、或る形象を得ている出立の局面的精神ではない、ここから、心の理性の一つは、記号、という或る事象・素材についての印象・表白体を持つ、第一線に立つ直観は、自分、という精神の実在だ、そして、且つ対外的で外接的な対象に向かっては活動性に、位、する精神の現在とされる。

今までの体験的な自分の直接的で外接的な作品性観念を、直観、した映像として、平常より、心という知性は自分のフィルムに蓄積している、日頃の活動ではなかなか具象化せず疎遠になっている自分の心という思念に保存しているスフィンクスに相当する作品性の魂がここにいう、記号、に成る。

記号は本命となる記号それ自体と言記号・言語記号による表現に成る。

心の知の悟性も感覚・知覚から出立し、意識、となって思念の思惟という精神の一つの自分の他者であってその活動的な基体に成る、このように、自分の形式として理性よりも、悟性、は素材に対して制限が無く自由で無差別・無区分という自分の姿勢に関する性状に在る、既に、理性は理念の完成性に在り、まだ、悟性は知性の活動性として、より、動的な精神完成という動機に成る。いわば、契機に。

一四三

自分の意識として心という内面性を客観性の精神に成し認証する、知性は、主観の様式で装われた意識の内面状態を客観化しようとす、自分の努力で素材に向かい心のキャンヴァスに知性という、思惟、がそれの真骨頂を描写し外面化を完了す、外面化は、自分の心が、であり活動的な自分の向きを包含す、内面化は自分が、自分の心へ、回帰す。

意識は外接性の形式であっても自分の個別性に執着しており自分の、理念、を自由な知性として素材の真の、客観性、を描写し吸引するような体勢として自分は措定しきっていない、このような時、実践的感覚と思惟で自分の、内面、を対象の実質に添うような普遍性に昇華し、同時に、個別性を捨て永遠性という概念の客観に自分は成る。

一四四

なぜ、対象は永遠的なのか、日々の気まぐれで日和見主義でなく、必然、という永続性に支配されている、しかし、自分という現象としての主観となる、精神、は時間と空間の形式で一刹那の命脈を持ち、他方、自分は永遠の命となりつつ生成流転する現在、である、このように、主観性は発展して止まない事象的な客観性なので自分という思念は最善の、言語、でこの精神を銘記し時間的な流れの命脈の線上に、自分、は配置すべきだ。

精神の外面化は単に自分の主観が客観性を得るという受身的・享受的であるのを止め次の段階に傾注すべきと自分は成る、いわば、精神は自分の肉体をも、支配、するからこの客観性をさらに深化させるべく自分の思惟を新規の素材に向けるよう、自分、は主導的な理念を援用すべきだ。何となれば自分は永遠へ向かう未来進行形という、精神、だから。

一四五

観念というのは精神の思想的基盤だ。

悟性の活動は自分の知の観念に起因し精神作用という、抽象作用、に成る、素材の偶発的なものこそ表白として具象すべき、突発的現象、である、そこで、偶発的なものを対象の本源的なものから悟性が切りとる、悟性は知性的思惟の一つの動機だ。

悟性に由る今一つの機能は、判断作用、という純粋思惟の動機となる、いつも、悟性は経過的な活動のまっ只中に居る、この時、決定的な現象が主観と客観の構成的・概念的な、統一、として瞬間性で捉えられる、素材の具体的個別性という独立体で総合された、抽象的決定、を事象から自分は切りとる。

精神にとって感情は感覚としての、感性、であり素材に対面する第一線に立つ自分の他者だ。実践的精神は自分定義としての自分を外接的な仕方で形式的・特殊的な自分を内化的自然のなかで決定された個別性の実践的感情として自分は自分をみいだす。感情は悟性とともに素材に限定される一面性であると同時に全体性でもある。心の知により思考された知性性の思惟された現在の知性的なものが実践的感情だ。

理性はどちらかというと決定的な、自分、の姿だ、理性にとって素材・内容は普遍的と特殊的との同一性である、前者は個別性を脱しており後者は良い意味での主我的な、個別性、という自分に居る。しかし、悟性にとってこの図式は当てはまらない、どちらになるか判断されがたい、何となれば、それ、は進歩的な理性・知性という基体ではなく直観・思惟というような、活動性、に居る、ここから、悟性思惟による表白はこの自分形式という性質がうとんぜられ棄てられるか、もしくは、自分の特殊性と事象の普遍性との折衷になるかだ。

一四六

心の知の思惟は現状における主観に固着する今の可能なかぎりの普遍性という現在だ、いつも、自分の特性を活かし、主観、は客観に近接し止揚しようとする永遠の活動体だ、ここから、いつでも心の知の自然性は自分の主観については臨時的・形式的であり客観の素材に面して、それ、はこの形式を打破し客観の本源を、加味、して自分の、内面を、陶冶す。

外面する、直観、は対象の抽象性を自分に吸収し陶冶により自分の内面を強化し具象性・客観性へ転換させる。心の知という知性は時間と空間という素地を利用し、そのなか、から一刹那の像として在る形式を表白す、充実された空間および時間とは、今ここで、生成されつつある、知性、という直観と記憶だ、主観主体の直観という外接的な意義と中身は、ほろびすてられ、他の中身と魂が自分という精神に与えられる、記号の創造活動として在る、記憶、は日常活動での反復する想起だ。

意志は行動性なので、いわば、自分の思惟である、意志なしには対外関係という外接的現象も生じない。心の知の意志は実践的精神として、自分、を思惟する意志に進行させる、形式的自由の意志は、形式的、意志として自身を自分特有という概念で客観性、精神、にし自分に内化された内像を素材からの表白と成し自分は自分を充足させる、しかし、さしあたり個別という意志の、有限性、であり自分のそれは形式主義での現在になる、ゆえに、究極的に発展した理念と同等化されていない。

理論的精神も実践的精神も同質の知性に変りない、ただ、本源的で構造的な、理念、として自分を発展させつつあるか、もしくは、思考的な思念として自分が自分を行動に駆りたてているかの違いが在る、ゆえに、実践では心の知の知性は動的で行為的な永遠の精神の、生産態、に成る。

一四七

記憶は自分の心像に蓄積されている知性だ、外接的な活動という思惟はこの記憶という主観と素材という客観を結合させて構成しつつ具体性を与えて、自分は、統一体へと結果させる。心の知の感覚と知覚は表白での、出立、における契機に成り、次に、思惟という構想力が、そして、記憶、が主観と客観の総合という精神の完成に寄与す、記憶は自分の知性に宿る従来からの内的な素材で、逆に、外接的な素材を自分という知性に、自分の他者となる思惟、は内面化させる。素材の本性という新規の客観止揚はこの改革的な思惟こそが素因となって成就される。

主観性はそれ自身、どこまでも、主観性に留まる。対象の本性は言語によって成るが、事象的に輪郭として明確になっても言語の過分な内面化は、逆に、真の意味における理念的精神を失す、言語が自分の内的表白として固定的に執着せず素材が発する新規の命脈を新言語で、自分、は捉えるべきだ。

心の知という直観は先発的に段階的な自分の概念から出立す、潜在的には、言語を持つによって自分の構想を思惟の結集となる思念に、いわば、基盤に自分は豊富な、言語、を含有す。

表白全般としての当初の外接的直観なしでは、言語直観、はありえない、心の知という、直観、はすでに内面化作用により自分の心の思惟に言語群としての、語彙、をいわば自分の基本という思念に宿している、自分の精神はいつでも、小宇宙、であり宇宙のキャンヴァスの素地たり得る、或る言語とその色彩が集合して自分という直観を成す。概念性の。

心の知により或る作品として生出されたのが一つの、名詞、である記号に成る、記号は言語の集結に他ならないからこのような表白は結果として在る、精神作品、という言語記号と同義だ。

知性は自分の発展過程で多様な客観を吸収し陶冶す、対象から形式的で個別的な諸表白を得て発展的で未来的、主観、を作品性として自分は生長させる、このように、自分という思惟の内面性は知性により確実に生成された次の段階にそなえる主観、に自分は成る。ゆえに、諸表白という連想・連合も一つの進展的・普遍的な表白のもとへの個別的・個性的な諸表白を為す機能と成る。

実践的精神は、何時も、自分の知性に、対立、を内包す。自分に固着している理性と対象の素材が有する真の理性とに生ずる不一致が、それ、である、この時、自分という知性の外化により主観と客観との、統一、でそれが克服され、今度は、内化へと逆行し自分が目標とする、表白、が完結される、そういうわけで、対立は陶冶の素因だ。

一四八

主観というのは自分の特性が強く滲みでる時は依然として主観性だ、しかし、自分が感動的な客観に魅きつけられ傾注すれば自分は客観性だ。

主観も客観も或る精神に関しては、等質、の時も在る、何となれば、知性は時間の中で生き移ろう、それで、心の知の知性は、今、自立的になった自分の普遍的な理性・理念を客観化し旧来の主観性の強い旧弊の思念・思惟を捨て今の直観という時間と空間に因る、実存形式、において新たな自分を自分は発明す。

行動する直観が、予定的に素材を定義、するのを今度は知性が最終的に補強し素材の内容という定義性を決定し確定的にするのが知性の役割だ。それで、心の知の知性による、表白、はこの直観の為す一つの象徴と成る、ここでの直観というのは、それ、が為す事象についての定義と決定性が、それ、の実質と想念の双方から観て、多少なりとも、象徴として映像を型づくる、直観自体を表出し表現する、精神、とされるのが至当だ、結局、自分という精神は自分の他者直観を、弁証、している。

一口に記号といっても多岐にわたり千差万別だ、抽象性を一つの名詞として、具象性、に転化す、天使は実在しないが背に、羽、を付けたものとして一個の平和の象徴として記号が生れる、運慶と快慶の仁王にしても同じだ。

表白は具体化という、記号、に成る。

記号は普遍的で表白の基盤である、それは直観から端を発し心像、事象、知性、理性という細分であって直感を記号に仕立てる内容・実質だ、換言すれば、象徴化する知性と記号化する知性である、後者は直感に基づく印象を用いるにより自由な観念と自分特有の支配力を有す。記号は付帯として心理学と弁証学へ投入される。

一四九

自分が真に望むものが自由である、何となれば、自分は既に倫理性に在る。心の知の真の、自由、は自然性の理念として永遠の倫理性を、いわば、自分の心像・内像である主観を主体的私心的な心情を止揚する普遍的で永続性を持つ進行形の知性の姿、を除いて他に無い、心の知の私的関心こそが自分の、小宇宙、であり進行と進展で宇宙というキャンヴァス上の心像が、自分、に内化される。

普遍化している名前こそ、注目、されるべきだ、いわば、日常生活では名詞「雨」等、かねて、何の気なし、という言語がよく使用される、それらは、いうなら、心の知の知性による思念という思考を要しない語である。このようなのは精神科学上で、心像、を欠いた表白体といわれる。自分が意識して意図し思惟の結果となる具体的な映像を生まないのが心像の欠落した名詞である、それで、雨、とかの語彙について自分は自分の自由な心情を注ぎそれらを具象化する必要がある。

直観の本源はその作用として、対象、に依存しそれが持つ客観という本性を自分に内面化する能力だ、かねてから、心の知による直観は他の力による他律的で外因的・外接的な思惟になる、いわば、外界の事象の精神をくみとり或る記号を思念し一つの像を形容し記号に代表される、表白過程の弁証法は直観、いわば、直観という思惟が為す記号化の道のりだ。

段階的区分として現在する発展的な精神。

具象的にも抽象的にも精神が時間的、労作、として生むのは名前だ。知性が生む作品的直観と生来からの持続という基盤に在る映像との連合が一つの、命、の名前に生長す、いわば、内面性として在る表象と外面性という直観の合同が内化された自分の財貨的な、記憶、に成る。

一五〇

心の知という普遍者は自然のものとして進展途上における本源的なものと、他方、対外的で、直接、事象に面する普遍者との両者となる、ゆえに、それの一方は自分の他者現在に表白をゆだねるべく結合するような連合体だ。事象の具象化は内像の結実であり自分の思想である、精神という知性の、現在、は認証する思惟になる。

心の知の存命は認証の連続だ。知性は直観を思惟と直結させ、自分が切りとる事象、という素材の名前からそれの本源をみいだし、そして、それを昇華し自分の新規な心像としそれの外接性の精神を具象化し内面化を、自分、は完了す、このような精神の決定こそが客観性のよりいっそうの進展であり定義とされる。

一五一

思惟の源泉である、記憶、は心の知にとって自分の精神が外接的なものとするとき素材という現象から財貨を得るもの、とされる、この時、思念の思惟にとって対極的な動機・契機として、客観性、は在る、とはいっても、当然、この客観性は知性自体によってこの能力によって見積られ評価されるので、自ずと、それは自分という知性の質と、ほぼ、等価に成る。

言語は表白という評価の手段・道具だ。

素材は客観なので言語の連合で評価される、心の知性の生出としてこの知性が意図するいろんな表白を或る外接的境遇において、言語と言語群および語彙は明証するという特異な決定性・定義性から思惟される。

一五二

活動性として、直観は主観と客観の仮定的な総合体という現在だ、この時、潜在的というのは、直観が、今、置かれている主観の実存という有様になる、直接的というのは外面性であり、対象、に外接している主観が客観を捉えるという、現在、の知性に属する直観の実在性をいう、このような時、主観と客観は表白において対立するので、相互、に陶冶されるが、それを、発展的知性の直観が為す。

心の知という知性は直観よりもよりいっそう進展している、思惟、として普遍的表白に達しようとする、あくまで、普遍的な表白というのは理性の基盤たる精神の助力無しには為されない。心の知の理性は自発的に感性的な、理念、としてふるまう。

いかに、思念的・観念的とはいえ抽象的表白を概念と成すのはいけない、それで、専ら普通には表白の具象的普遍性が問題となる、よって心の知の営為は対象への心の思惟・思念による知覚内容を、対象、の心の内面的と外面的な中身へ投入す、ここで、主観と客観という両者は外接的につながりつつ相互の、精神、が共通の表白と成るべくそれの理念の陶冶が為される。素材の輪郭の具象化は逆作用を呈するような肉体化を意図し、真に、対象の中身を具現する、精神性、にするべく自分は自分の思惟により意識の構想に肉付けを施す。

精神のうち理念は永遠性で思惟は活動性だ。そして、心の知における主観的域内では普遍的な表白は想起・内化による内面化の、理念、であり、他方、心像・心象というのは、現に、生きて活動する外面性という外接的な客観、いわば、客体と対面・対立する心の知という、思惟、に成る。

第四章　絶対的精神

一五三

心の知という知性が表現・表白するのは自分の心像が可能性として秘めている普遍性の諸々の感覚的素材で、それ、の唯一の特徴的で独立的に実存する永遠の理念という精神を包含する、形象、に他ならない。

或る事象に由来する自立的で独立的な表白こそ自分の心という、心像、の拠り所として自分が身につけるべき、現実在、という現在だ、ゆえに、自分の意味として直観がそれを持つのは、いわば、言語記号化による自分の未来性という、期待性、の進展形態である。

心の知という空想の形態は、いつでも、どこでも発展している精神自体のもの、そして、内化しつつある精神の内面と思惟による直観作用的なもの、との総括だ。空想の知性は理性になる。空想の内在・内実は無差別、いわば、自由で未来志向的で自分の内在を、永遠、の真実在へ向ける形式的な様式になる。

このように、真の心の知は自分の精神においてそれが直観する時、いわば、この心という知性の思惟で自分の総ての持てる限りの全能をこの心の理性という心情と心性を、事象、の心髄へ傾注するべく、自分と対象、との理念の総合へ結果するべくこの心という、思念、は自分の表白へと向かう。

ゆえに、完成した心の知という認識は真の意識という思惟でもって、構成的・概念的、に捉える知性の思念という理念に属す。

永遠の、精神性、という真正の詩人は直観のみに依拠せず絶えず追感と追考を為す。

精神の描写も自分が自分を描く自画像だ。

精神の描写も画像として在る、それ、に成り抽象作用や判断作用という思惟を経ている、そうして、心の知という、観念、は具象的な完成域という概念に達す、いわば、思惟の段階は心の知性における思念の思考作用による内面化という内像の、固有化、である、この概念的築造こそ精神世界の現場・バトルフィールドでの生成である。

絶えず、空想は自分の思念という思惟を本来在るべき自分の実存という理念を、自己完結的、に結果するよう導く、そうして、この追想が新規に加えるものとして、つまり、内化によっていよいよ発展的に出立する内的内実・内在を、自分、の知性にもたらし心像や直観へもたらす時、言語的記号、に因る記憶で自分は現在の様式を完了させる。

真の心という知性は自分の元来的に生長している思惟で対象の真髄を捉える。表面的・外接的には主観性の理念という本性を抑制し、自分、は自分をあからさまに示すとは限らない、この時、自分という直観は自分の知覚を弱体化して出立す、いつでも、事象は或る意味を持ち構成的に現象し、他方、思惟も一つの体系的分脈として止揚され、ここに、主観と客観の総合的精神が生れる。

一五四

自分の知という内在・内実を、空想、が自分の心像や直観へ伝達するのは、この内在・内実を自分の側の素材とするのと同義である、いわば、自分が自分を養いつつ外接的・外面的に自分現在の主観として、知性、が客観という現在へ向かう。

寓意の意義と実体はどのようなものか。

自分の表現で本源というか基礎になるものは、全て、寓意、だとしても過言でない、何となれば、自分という基体・実体は、所詮、抽象性・観念性という精神性に他ならない。

寓意は心の知に蓄積されている注意・留意されたものでありこの、比喩・暗喩、を自分の空想という追想にもとづく思惟で主観である個別性で区分される自分の側という特殊な、素材、を若しくは客観との混合性の素材を一つの現在・ドラマとして精神という自分は表明す。

思念性という抽象性・観念性のゆえにこのような、詩的空想、は造形芸術よりも主体と客体・主観と客観との統一的素材をより自由に思弁弁証法的なやりかたでいかす。

自由というのは永遠性の自分を創造するのと同義である。

かねては、心の知という知性は自分の直観が、時間と空間、という二存在形式の不自由ななかに居るのを知る、しかし、永遠の心の理性という、理念、は対象を自由に支配す、いわば、永遠に理念を追究するという自由の思念に因る思惟の、直観、のなかで自分を創造しこの直観という進行で自分は自分に対峙しつつ自問す。

このように、表白を為す心の知性という、理性、はかの外面的な、相互外在、の境位での現実的で主体的な事象と自分との協調的・共存的な、弁証法、にいう行動的な主観と、自分、は同義である。

一五五

対立は素材との対面になり外化の開始だ。

主体的で自発的な思念という思惟は、対立、を持たない心境から自分の、他者、である意識において対立の真実態へと移行す、否定の連続という心の理性の、現在態、において主観と客観とのよりいっそうの対立にみあう統一が成就される、当然、理性にとって、事象、は自分充足的に定義され現象の内実と自分の様式との同質性という現在である。

理念というのは永遠に慈愛を注ぐ自然性という万物の精神から由来している、ゆえに、観念性・思念性で脱物質的なので自分という詩的精神・空想は造形芸術よりもよりいっそう奔放に用いる、いわば、詩的空想・追想は表白されるに値するこの理念の中身に合致するようなそれを、すなわち、知覚的感覚的素材のみを好む。

何にも増して、対象の表白では自分の個別性という特別に区分された個性が滲みでる、ゆえに、それの基礎は自分本来の発展的に進行している基体という自分の、心像、に他ならない、そもそも、出立の時心の知における普遍的表白の完成はこの心像による事象からの、仲介作用、に負っている、しかし、表白として用をなす中身において、内化作用、のように心像を心像自身と結合させるのでこの、仲介、は実質上消失し明証されるこの、客観、は自分という主観の自立的機能により普遍化される。

さらに、最終的にはこの心像も昇華され客観へ移行したからそれは消失す、このように、心像の中身から解放されるので、弁証法的、に自分を証明するのに普遍的表白という、行為、は心像の中身を必要としない、いうなら、自分の心の知性による自分の他者となる思惟で、自ずと、主観の思惟から客観という理念的な普遍性へとこの心の理性が止揚される。

一五六

思念から生ずる思惟という直観は感性的素材と結合し或る事象を特定し、区分、のうえ記号化を為す、そこには、どうしても感性的素材と普遍的表白との間に多少のずれが生ずる、たとえば、墓石は死者の姿であり、他方では、そこから永遠に飛翔する魂というような欺瞞性を有す。

直観は対象と対面し、それ、を捉え自分にたちかえり、そして、自分の知性にそれをゆだねる、そこで、この知性は内化という深化作用で内像を或る、作品、として具現化す。ゆえに、心の知性が或る対象を個別性に特化し特別にそれを明証し、独立、の映像を付加するなら記号化するなら、最早、この知性は直観の中身と絶交になる、このように、直観の感性的素材は真の理性の理念による、魂、という実像に転化させられる。

一五七

心の知という知性は、かねてから、表白的・象徴的で、観念性、の心的実像を身につけている、いわば、この知の理性という思念の主観から一つの、可能性、が客体という客観の普遍性へと止揚される、自分本来の固定的心像の主観から解放されて客観の実体という真実存へ移行する心の知という理念に、自分、は成る。

悟性はどのように位置づけられるか。

対象に対応する時の自分の姿勢の在り方を定義するのが精神生理学の意義になる、自分という知性に対して精神生理学は、自分の機能というか働きと性質と方向とを示す、さらに、独立性の精神と肉体との双方の均衡からしてそれらの在り方を定義す。精神生理学で、言語による表白、という形式では悟性という立場が予定されるべきだ。それはどういうものかといえば、形式・文法、いわば、記述のためには知性性という悟性を、自分、は必要とす。

精神の固体性というのは、どうにかして、自分の抽象性を具体的に具象してみようとする時の、願望的な姿、に他ならない、換言すれば、原点性として自分は観念的だが肉体的なものに逆行する性状をもちあわせる、何時も、相互に両者の間を出入りしている自分もいる。

心の知という知性は理性性という思惟を持つ、ゆえに、永遠に自分の思念による理念を、自分は開拓し生れかわる生命体だ、いわば、観念性というこの個体性は何時もこだわりのない自由に変化して止まない自分を安定的に止揚する、生命性、ともなり時間と空間という永遠の宇宙的形式の歴史上における舞台での自己完成の連続的な、姿、としてそれは比喩される。

この発展という精神の出立の、原点、は観念性という宇宙の素材に面しての心の知性の、対立、を除いて他にない。

心の知における知性性の実体は、思惟、されたものとして現在する理性的なもので秀逸な実践的感覚である、行動的という感情感覚は、真に普遍的にふるまうという思惟する精神を自分の源泉とする時のみ、自分、は真実存に成る、他方、悟性には自分内に決定的なただ一つの理性が在るとするのでなく、多様、な可能性を秘める進歩的な知性という措定も必要とされる。

直観は外化的なものとして知性による感覚を、いわば、自分の中身を、対象、という素材に投入・投射して自分は自分の出立とす、この時、客観からこの心という主観に対象の精神を、吸引、するのでなく、逆に、こちらのもの・この心の精神を相手方のそれに、同化、させる心理作用に成り自分はこの営為に居る。

一五八

個別の特殊な、精神、は唯一の活動的なもので小宇宙を成す、そして、このものに対応する時にのみ設定されるのが、大宇宙、に他ならない。

永遠の存在とは、一体、何なのか、毛頭、それは難題といえるものではない、大宇宙という実存と小宇宙という現在は在るべくしてあるものになるべきだ、いわば、最もそれはふさわしい永遠性という現在態だ、そういうわけで、永遠の未来態へ向けてこの現在態を、今という空間と時間において、最も、ふさわしい命脈の現在態として永続の空間と時間における未来態へと継承し得るもの、のみが永遠の実存態という資格を得る。この宇宙において全能という栄光に浴している自然性のものは、諸共に、永遠の命を授かっている。

自分という知性による諸々の知覚作用はこの心の思念である思惟に起因する直観だ、そして、決してそれは直観単独では成立しない、いつも、知覚作用は空間と時間の観念的両要素、つまり、この二形式との共存での所産になり最終的なこの心の理念という理性、いわば、必要不可欠な今日の精神の表白体として、それ、は結果す、何時でも、永遠の理念となるべき概念は今日の、現在的思念、が営為する概念の輪廻にもとづく陶冶によるもの、となる。

何と言っても、心の知という動きは自立的で主体的な、もの、と成る、このように、心という知性は自分の基体である精神に在っても、且つ、外化に向かって、対象、という心の他者的精神に在っても自分の理性を自分は持続している。このように、この知性の直観にもとづくこの感覚の進展は、対立的な自分という主観と素材という客観による互換での心の理念である永遠的な理念へ向かう、出立、を除いて他にない。ゆえに、知性は当初の知覚の稚拙性を廃棄しつつ、対象、の真実在から自分という精神の理性に実質的な、形象、を吸収し永遠の思念・理念を構成するべき段階的概念へと、自分、は出立す。

遠景の山が発する雰囲気は固定的だ、それに反し、朝夕に発生する霧や雲その夕やけ空など気象現象として、雲散霧消するのは流動化のものとして、精神、は認識す。前者の空間的なものは自由で独立的になり、且つ、この中で相互共存の対象として在る、そこに在るものと成ってそれは安定す、それと対照的に、後者の時間的なものは、移行、するものであり精神の自分内で否定的なものとしての存在様式とされる、そこで、相互的連続の不安の形象をそれは呈して居る。

認証する思念はそれの思惟において自分が活動する条件としての空間と時間が呈している、いわば、構成している風景、たとえば、オレンジ色の朝やけを二形式下の場末として自分の心の知性と対象という真実在との協調作品と成る一つの、概念、とみなし自分という心の精神が表白的完成体で止揚す。何時も、単に現在する心の知は自然性のものになり万事を超越し対応するような精神でない、そして、素材という対向的精神に自分は関心を示さない、そうではなく、卓越した心という感覚はすぐれた知覚の直観を持つ。

あくまで、直観というのは心の知という理念・概念でない、才知にたけたものは、たとえ、形而上学的に思惟せずとも自分の知の元来の理性という思惟は、自ずと、対象の実質・実在に達す。

詩の心は言語にたよるの他ない、何時も、追感と追考で、詩人、は言語化・記号化というデッサン的で保存的な真髄に直面している。

素養の在る心の知という感覚は自分の感情を自らコントロールし、あたかも、自分の感覚が外面する他の何者かにより圧力をかけられ邪魔されているのではないか、というような被制限性を脱している。

自分という思念は思惟する感覚だ、何時も、心の知という知性は基本的に外接性で直接態の思惟に属する直観だ。何時でも、事象は全面的・全体的で総体的な抽象的理念の自然という外在的な、心、となる、そこで、主体の知性に、対象の理性、が一つの体系的・系統的な分脈として、自分、に内化され両者の総合的精神が表白される。

心の知の知性による認識はこの心の思念・理念による直観の注目・注意だ。

未開人の持つような自然性の、未開性的意識のように万事の現象を在るとおりに通過させ看過す心の知性、も在り得る、他方、にもかかわらずこの永遠の心という理念は自らの、注意、で主観と客観の分離と結合という陶冶で永遠の概念性へ赴く。

主観の特性というのは客観のように静止的でなく活動性という能動態だ、心の知という知性の注意・注目はこの心の感性という感覚による直観に成る、この直観作用の対外的な、能力、が外化と内化における、自分、という理念の生成に欠かせない主観と客観の区分となる、いわば、主観のよりよい普遍性の客観への転化という生長過程における、感覚、の直観作用が心的現象になり永遠の思念という理念表白作用に他ならない。

精神が自由であるとは自分という主観が素材を自分のものとして表白しきってそれを自分が自分の、支配下、に置いた時だ。

対象を直観してそれの精神が秀逸で感動的であってもそれの理性の理念を、自分の理念、がそれを自分の言語でもって止揚し表白できないならば、いまだ、この心の思念の思惟は不自由であり自由でないといわれる。それで、直観している事象に浸透しこの直観で得たものを自分の知という知性の、所有物、にするべく内化した時直観する精神は、すでに、自由、を得ている、ゆえに、それは永遠の自由にどこまでも向かう。

たとえば、対象の肉感的な精神は朝やけでも夕やけでも大気現象という神秘的なだいだい色だ。

この表象・表白というのは心の知の知性による事象との外接性で直観の産物として、いわば、知性のうち自由な思惟との媒体として産出される、この表白で知性の理性が歩むのは自分の対面態である、直接態、を内化し自分本来の内面態を自分が捨象する、いわば、捨てると同義である。

表白作用は内面態と外面態、いわば、主体と客体との実質的差異をおびる、知性による生産活動はこの表白における理性の全ての持ち味を加味した総合である。

一六一

心の知の知性による表白能力は、各々、相互に分立している個別化された知性という理性の諸力だ、それに加え、この心の知の思念の思惟にもとづく構想力・思考力でもある、それで、このような時に心の知性の精神態様という独立性・分立性を制定している決定済みの当然の知性というあり方が、自分、の姿である。

さらに、形而上学的で理念的・永続的な掌握は、この理念の理性的総合体、いわば、統一体・体系が概念的に捉えられこの形式のなかで生成・生長するこの心の知性による有機的・実体的発展、が思念・思惟されるに在る。

表白、表現というのは、あくまで、対象を観るによって着想し内面化のうえ自分が自分の、小宇宙、を完成させるに在る、そこで、自分の知性は局面的・部分的ではあるが自分の主観を捨象して、客観、を得る、それで、どうしても心の知という、思惟、が対面する事象との直接性・外接性といったような不可避の要因に、それ、は左右される、心の知という完成態としての、不完全、さは内面態と外面態との精神態様いわば有様の差に成る。ゆえに、自分が完成した時の主観と客観との差異が不完全の尺度に成る。

何時も、心という知は自分という思念の思惟で直観に走る、ゆえに、この結果としての自分という、キャンヴァスへの表白は自分という理性の理念が事象から自分の、着想、の進展として得る内化・内面化された対象の心という素材の理性、いわば、それの理念という真髄だ。

ゆえに、内化というのは自分本来の自然性の知性に、進展する理性、が自ずと身につけるべく事象の本性が、自分、に加味されてくるものとして恣意的でなく相手方の実質的内容が自分という、思惟、に呼びおこされる、ゆえに、諸表白のなかで動いている思念の理念にとって、内化、は最も観念的抽象的段階という精神性現象にふさわしい。

心の知の進展は、内化現象、に始まり構想力・着想力に成り、そして、記憶力・暗記力への段階だ、或る精神の内容が無意識的に呼び醒まされ、次に、主観性内容・表白内容と客観性事象・真実在との対立が発生し現象す、そして、記憶に進行すれば対象の持つ精神的暗号が主観という、自分、に付加される。

何時も、時間と空間は精神相互共在の二大要因だ。主観と客観が、現在しているのも、相互共在、に違いない。ここで、心という知による直観の知覚は外面態の精神という知性の理性を自分の知という、思念、に内化させる。

この直観は内化において活動の起点であり心の知という知性は直観による感覚の中身を自分の内面態へ移す、内面態は、いわば、自分という心の知性の素地で基盤ともなる、自分の活動にとって自分の空間と自分の時間は必要不可欠の二要因である、このようなかでの知性という実在であり、相互共在、における発展的な知性で、自分、は進行す。

かねて、心の知に付着している、静止的、な心像は自然性のもので、それ、は恣意的・偶然的とされるし経過的で無意識的だ、それで、永遠の知性という理性の思念という思惟からすれば自分外に、排斥、される。

永遠性の精神こそ進行形の永続性に成る。

心の知という、精神、は対象において直観の感覚では空間と時間に拘束される、それに反し、永遠の精神という理念を追う心の知は、自由、な知性という理性で永遠性概念という、思念、を思惟す。

相互外在要因の、時間、は精神が表白において得る主観的性格を持つ、たぶん、心の知の直観が多くの感覚を為すなら時間が有効に使われ短縮され、逆に、直観が素材が持つ無内容で無意義な欠点にふりまわされると、より、時間の滞留がながびく。

一六二

時間と直観の関係では心の知が自分の理性に対象という素材の理性を、多く、内化、させるときは自分という精神は安定しているから時間が短縮される、そうでないとき、自分の理性が事象の劣悪で真実から逸脱したものにこの知性による、主観、が向かうときは自分がもたつくので時間が長びく。

そして、時間と表白の関係では自分の完成で、自分、は自分という心像に対象のモチーフを印刻しながら銘記するので、所要時間、が逆転してくる。

このように、直観は時間にのっているし、且つ、時間は直観をはこんでいるという裏腹の論理構成というごとき、弁証法、に達す。

それで、直観の実質は、時間という内的と外的要因のなかで事象の現象の推移である。

心の知という知性が、みじかい時間を、そして、常にいれかわる充実を得る時は内面化している理性という自分は、安定、に成る、逆に、同質のものでもそれに自分という思惟が埋没し浸っておれば、時間、が長い。

心の知による想起という思惟の産物は内化の結果としての精神に成り心像として在る、それで、あくまで発展途上に在る知性の潜在態となって無意識的に、心像、は自分という知性に温存される。段階的に発展する、精神、は内化と外化をくりかえす、内化で蓄積しているのを想起で引きだし自分は次の外化で援用す、このように、想起というのは循環性の性質を有している。

無限な可能性としての心像と表白の資質を含有する精神の世界を、いわば、外接的な世界を自分の知性という時間の坑にたとえ、自分、は自分の理性とす、いうなら、外面的な心像と表白性を、あえて、自分の知性という思惟に現在させないで、換言すると、それらを自分の発進の基地とするべくこの坑という知を生成育成するのも、自分自身、である。そして、理念性の概念を展開し発展させるのが自分の他者、思惟、となる。

心の知というのは、かねては、知性という理性を漠然としたものとして自分という精神に含む、そして、それは自分の思念となる暗闇の坑に憩う、このような時、意識の思惟いわば活動する心の知ではない知性でそれは保存されている、ゆえに、夕やけ、という対象から出来する素材的精神も、元来、この心の知という暗闇の坑に今までの蓄積として概念的に保存されているにすぎず、普遍的概念、で自分から引きだされる、もっと、発明的精神現象を概念化し表白するに自分は在る。

段階的に進行している自分の実相は既成の実績として在る自然性だ。自然発生的に蓄積されてきている心像は、自分の想起の思惟と連動する現在の直観と協調して、はじめて、抽象性を脱し現実性の表白へ移行す、このように外接的な感覚の所産は、内面的な心的財貨、として止揚される。

一六三

単に、静止的に心の知に沈潜している心像は能動的という活動性に転化す、この時、知性は自分の他者となる思惟する直観と感覚する直観に、そして、対象を表白する、意識、に自分は集中す。外接的で個別的な直観を、普遍者、の精神へ向けそれを包摂し陶冶のうえ具象するのが、いわば、想起により出立し自分に回帰する知性作用が内化だ。ゆえに、自分の心像を事象との対面交通でそれとの往来で知性は外化と内化を為す。表白はこの外化と内化の総体的成果である。

心像は性質としては、基体的という基地、になって具体的な活動は思惟や感覚に任せ自分の基盤を、自分、は強化す。

自分の発展過程で或る一段階を終え自然性で保有される、心像、は確定的に自分が想起し認証する内化的な基盤的精神である。

ゆえに、真実に理念へ達している心像は、いわば、既に反復の直観を終了している知性は或る対象という新規なものへの直観へ移行していく。

何時でも、心の知という知性は再生産的構成力でもって、いわば、全ての自分という心像が自分の思念となる内面性から出来す。ここにおいて、自分の理性は自分内の全心像を支配す。出立における総ての心像と外面的感覚との、かかわり、は心像と共に在る外接的直観との空間と時間上での関係になる、さらに心像は自分が保有されている主観のなかでのみ自分の存在意義を持つ。

観念論の注目すべき一方向性が在るか。

いわば、思想連合という総合的な観念論の登場は、一つの形而上学の衰退とともに、人間学における一系統の経験心理学の開花期に心という知性の項でこの観念論は新方向性の、精神論、として心理学を志す者の多大な関心になる。

同一の反復性の現象について思念連合・思想連合が生ずるとされるのは、不合理、である。あくまで、それは恣意と偶然のものに過ぎない。このような理性の定義は、単なる様式的・普遍的な定型として在る。むしろ、心像自体が蓄積的で総体的なものとして自分の基体なので合同性だから観念連合という、思想連合、を成し真の精神である、ただ、表白は経過的で局面的になりがちで全きものに成らない。

心の知という知性の心像は、もはや、直観を要しないほど理念の形成に達していて、表白、それ自体もこの思念という理念の真相におよびがたい、それで、かの素材が表白されるのは抽象的・観念論的普遍性である、段階的な表白は心の理性による止揚での推論の途上で媒体となる。

ゆえに、精神という自分は主観と客観の最大限の相互共在的な表現へ向かう。

主観の心像という基体も自分の完全性を主張できるようにし、且つ、客観という対象の真相も適確に掌握され表出されるべきだ、主観と客観の極致性を表現しきれないという、不可能性、を可能性へ逆転させるのが、真の精神とされるべき自分に課せられる表白能力を具備する自分、に他ならない。

心の知という心像はこの心という理念の基盤として進展し発達している、理性、なので表白よりもよりいっそう具象的だ、それゆえ、自分を自分として自分の中身を、自分、は表現しきれない、永遠の心という理性は自分の理念性と事象の理念性とともに自分の知による永遠の思念という思惟で全ての自然を自然性の発展的展開を、自分、は止揚すべきだ。

主観の生きる途は活動性という永遠への自分の思惟による意図の進行のみだ、主観に反し、全ての自然は客観なので、自分という精神は、自分が抱擁するこの自然から自分が目標とする対象の理性を切りとりそれを自分のものという精神性で、自分、は具象化し永遠化す。このような或る区分作用が一つの自分の理念を産む。

弁証法は精神という自分の発展過程を秩序立てそれによって自分の普遍的な中身を論証していく、それで、今迄の既成の弁証法で達成されている心像という概念が軽視されるなら、いわば、表白がおろそかにされるならこの表現が水泡と化す、逆に、自分という思惟が累積的な自分の基体を深化させ現実的で写実的な構成を為すなら、心像それ自体が、より、具現的な現実在の観念表白という地位を得る。

心の知という心像は、専ら、心の知性に存する感覚的で感情的で知覚的な、具体的表白、としてそれの理性の発展過程で現在す、あくまで、心像の表白は実在・現在になり表白という描写は言語によるしか無い、ゆえに、言語を用いる概念描出は、永遠、の言語上のデッサンの真髄に至るべきだ。このように、表白の実態は心像の心底から湧出する自分の言語群による構成的という建築物である、自分特有の単語で自分という或る精神の表出を除いて自分となる、個別性、の特性は存在し得ない。

知性のデッサンは局面的な完成となる。

表白というのは心の知性にとって自分の持ち味全て・本来的ではなく外接的なものでこの心の知による思惟の活動による結実であって、それ、は精神の財産になり直接的な賜物とされる、知性が自分として定義され決定づけられたとすれば、いわば、表白というデッサンはその時における実在に他ならない。

心の知性による期待値的な前もって自分が望む完成している自分の姿を予測・推測するのが、表白、になり自分のこうした行為が、自分と対象、を直結させる媒体となる。自分という思惟である意識の、目的、というのは、発展途上に在る心の知という客観性と主観性で実存する現在、他方、事象という観念的・抽象的な共通的・普遍的という現象で在るものに拠る融合だ。自分という精神の主観は主観性でもあり、且つ、客観性でもある。自分の中身は、日々、刻一刻と段階的に客観へ近接していき、そして、自分の内容が最終的に昇華され主観と客観との統一体という、ここでの、完結的な客観性が生成される。

精神という自分は弁証法的な展開を為す。

自分という真実の姿は自分が自ら思弁し弁証法的な展開において、主観的客観性、として生成決定していく自分の現在と、自然という普遍性がまだ完全に掌握されていない事象の現在との結合に、自分、はいる。そして、表白活動で発生する観念性は、度々、沢山の似かよった心像の連続的結合として表現される、いわば、それが抽象の思念性・理念性・概念性となる。この時、諸々の心像が持つ不純な精神を互いに消滅させる打消的力が心の知という真の知性に要求される。

一六五

表白は心の知性に属する相互に似た諸心像の連続的結合だ、何となれば、自分は多種多様な能力を持ち合わせる、そして、自分の知性と同じ自我の理性は自分の想起・内化により、諸心像、に外接的に直接に素材からの外化的という普遍性を付与す、且つ、この個別的直観を内化された心像の許へ自分は包含する、というのも同義になる。

自分というのは観念性で精神性だ。心の知は、常に変化していく、何時でも自分の自然性から出立し対象の素材と対面す、いわば、それは外面性の抽象で観念の現在に他ならない。このようななかで、表白は心の知による思惟の追想・想起、いわば、内面化・内化になり構成を意図する構想力へと展開していく。

心の知という思惟による、構想力、は現在・実在において内化されている心像をさらに発展展開させる、それで、構想力は再生産的で自分固有の様式的活動となる、そして、自分の知性という諸心像を再構成し相互に関連させ普遍的な表白へと自分は止揚す、連想による連合、の結合の段階はいわば諸心像の淘汰となる、そして、具象化と記号化の素因という記憶になる。

心の知という思惟による展開は想起による内化にはじまり、そして、それが構想力になる図式だ、何時も、この構想力は現時点の、理念、を実在・現在に据える以外の何物でもない、それから、それは自分の理性という諸心像を素材に関係させ、連合・連想、を為し普遍的表白とす、さらに、この知性という理性は、自分の普遍的諸表白を、自分本来の心像が身につけている特別のもの・個別的特殊性のものと同様な、精神、にしそれによってこの表白に実存を保証し自分は自分の心像的な実在・現在とす。

心の知という心像は、順次、再生産される。

この段階的な進展で自分の極致ともいうべき形式的な観念である普遍性の、純粋思想、が生出される、そうはいっても、この清新さそれ自体を自分は本旨とするのでなく精神という自分の心像が、どこまで、自分の理性を永遠の理念に止揚させたかにある。

表白という表象化・象徴化する追想・連想・空想の総合化によって心という知性の、完了、は素材の外観・実質になる記号を創る、いわば、言語化によるこの心という精神・心像への内化作用の結実、いわば、記憶というものこそがここにいう自分という精神の行為だ。このように、心という理性の構成力・構想力による再生産は、あくまで、自分の主観・恣意の直観のみにたよらないかたよらない空想力の、生産物、に他ならない。

心という基体的な知性の内面性は、自分の内実という内容を持する発展性知性の主観だ、何時でも、心の思惟活動は、諸客観に由来する諸表白の連合・連想による自分という主観の普遍性への中止のない止揚、に他ならない。

一六六

心という思惟の諸要因と諸表白からくる連合・連想は或る普遍性・客観へといく自分内で、分立、している個別の知性の独立的諸表白に相当するものの、集結、となる、ゆえに、ここからくる表白は、単一的、なものに対して代表的で総括的な関係性を有す。ここで、主観は自分の内実を身につけ自分内で定義づけられる具象的観念という、精神、に落着す。自分に属する諸心像を諸表白を、自分は支配し、さらに、寓意化へ作詩へ追加する構想力だ。

自分が日頃より蓄積している完成性の基体から具現化を欲する意志で、対象という絵画性を主観と客観の統一として、自分、は呈示す。心という知性が、いわば、具体性で萌芽している心像が具象され固定化されれば、それは一つの精神として在る物体性だ、何時でも、心の知という理念としての、生命、は自分という思惟が為す事象を瞬間を捉える抽象の物体性を描く芸術となる。

心の知という心像は、当然、直観よりも知性の理性として普遍的な観念で結果している、と同時に感覚的・知覚的な思惟をも併せ持つ、他の、いわば、対象という霊性に対立して当方の具体的な精神の内実となる能動性の霊性として、現在、するのが自分という精神になる、ここにいう双方における霊性の関係での主役が自分に他ならない。

心の知という直観はいうにおよばず心像という霊性それ自体もこの心という思念の感情的・感性的な感覚を具備す、ゆえに、事象・対象の霊性と自分という、霊性、との対面関係こそが普遍的表白を生む唯一の根源となる。

心の知という主観的な領域では、いわば、精神が自分の思惟によって局面的に思弁を施し表白した完成性のものは、現に、活動してさらに次のステップへ向かう心像が宿している素材の新局面のものとは、根本的に、異質のものとされ双方は独立し分裂している。この両局面の真実態は、内化と外化における、事象という普遍者の心像化と精神という心像の普遍化になり、交流的で、機能的な相互互換の統一になる。

観念的とはいえ抽象的表白を概念となすのは好ましくない、ゆえに、通常には表白の具象的普遍性が問題にされる。よって、心という知の動向は対象への思惟による、感覚内容、を対象の心という霊性の内面的・外面的な中身へ投入していく、ここで、双方は外接的につながりつつ相互の霊性という精神が、詩的にも絵画的にも、共通の表白になるべくそれの理念の淘汰が為される。

単に、主観的観念論でなく、あくまで、空間と時間という両様式のなかで外接的な、精神、を心の知という思惟は究明すべきだ、そして、主観と客観における相互外在にとって不可欠の二様の様式は対象という受動的な霊性の本源的ありようにも必須の条件になる、このように、主観に対応する外在の自然もそれ自体もろともに空間と時間を包摂しての、霊性、という混淆体に他ならない。

心の知となる主観における心像は、何時も、普遍者、いわば、一般者という在るべき自然の霊性という客観に順応し対応している、統一は、この時、主観と客観との総合になり実存という現在の心の知性に、自分、は完了性の理性となって移行していく。知性は自分のなかで自分という理性の実在・現在が、客観、を真に吸引しそれを淘汰してそれとの統一をなす能力を有する心像をもつところまで自分の空想・追想でもって、自分は自分直観へと完結す。いわば、内化の完了という完成性へ。

心という知性は、いつも、自分と対面す。自分は自分の理性と。空想・追想において自分の主観の実在が心像的な外接的で有能な、直接態、いわば、客観・素材との統一をなすに足るこの心という思惟に至るまで、自分という知性は自分直観へ向かう。

一六七

空想は追想になり思想となる。一つの生きて活動する、思惟、する思念と理念と観念となる自分の存在・実在・現在、そして、他方、時々に応じて事象という素材、いわば、他者の存在・実在・現在を、自分は蓄積していく。自分と他者を結束させ主観と客観を結合させ、そして、主体と客体を総合させ永遠性のゴールを究明していく、永遠の理念が概念を生む空想になる。

素材を直観し空想という自分の思惟はそれの輪郭を描出し具象のうえ記号化す、表白した内容は安定的に持続していく自分と他者との永続的な生命体だ、このような時、自分という思惟が新たな感覚で別の安定態を意図し具体化しようとするのは淘汰のはじまりになる、自分という知性の進化は、絶えまない、自分という小宇宙と対する大宇宙とのかかわり、そして、そこからくる実像の変革に他ならない。

一六八

ほんとうは、主観にとって相互外在というものは不自由になる。

日常は、心という知性の直観は空間と時間という二存在形式の、不自由さ、に居る、それでも、永遠の知性は事象を自由に、支配、していく、いわば、永遠に理性の理念を追求し自由の思念による思惟の直観のなかで自分を創造し直観のなかで自分は自分に対峙す。

ゆえに、表白を為す心という知性は、かの対面的な相互外在という境位での現在的で、自主的な自分と、受身的な事象との協調的・共存的な弁証法に拠るものと、自分は同義になる。

普遍的表白の中身は、表現・象徴になるべき自分の知という心像による中身のなかで自分を、もっぱら、自分と連合させるから、あくまで、あの普遍的であるという証明が何かと何かで仲介されているという様式的な形状は、いわば、主観と客観の統一が仲介された結果という形状であったとしても、自分という知の知性と知の理性との合作であるという単独性・直接性の形式に、それは転化し発展していく。

精神という自分は永遠性の個別性へ向かう。

心の知という知性は、主観と客観の統一を自分がなすのは、いわば、経過的手段になりそれ自体を目標とはしない、対象を内化し表白しつつ、さらに、自分の個別性を永続性の理念へ自分は自分の理性を止揚するの他ない。

心の知性にとっては、自分の精神というのは、この心が思惟で為す直観作用での感覚の実態を、いわば、客観からの霊性という観念から成る素材の骨格たる概念を、主観という自分の知へ内化・内面化さす本拠地たる基地となる。ゆえに、ここに限定しての精神の実在は、ただ単に、発達して止まないこの心という理念の空っぽな皿ともなり器ともなる。

心の知という知性のうごきでこの心の直観の時、感覚の中身が進展するのではない、自分が感覚した内容は、心の思惟のなかでも観念たる精神としては、それの真実の中心という霊性には、いまだ、達しがたい、ゆえに、単に現在の心という知性がもつ能力の範囲内で主観性の濃い内面性の表白が外面性の表白に移るに過ぎない。

二形式において空間性のものは定位置にあり、逆に、時間性のものは時とともにうつろう対象の現象とみなされる。心の知という知性が描くものは、何時も、空間のものと時間のものとなる、前者は安定なもの後者は不安なものとされる、そして、この抽象的な両形式は普遍性で永遠の連続性だ、このようななかで、或る霊性は存命しある霊性は死滅していく。このようなとき、この心の知による思惟が自然性として在る精神という霊性を個別性で描出す。

一六九

観念論は精神を創造し定義する、以外のなにものでもない、このとき、空間と時間は、いわば、宇宙的自然をだきこみ天体運行にとって基軸となる。ここにいう観念論で、空間と時間は外的自然、いわば、自然性の総てを超越す、ゆえに、それは、総ての霊性を包摂している。

この外接性自然で、自分内に内包的・内蔵的に在る理念という概念を創造すべく究明的思惟による弁証法で、自分の霊性を一つの理念という物質性として、自分は止揚す。そして、自分の能力が及ぶ限りにおいて完成性として在るべきものが、内面性、になる。いわば、内化と外化によって自分が自分を止揚するのこそが自分の内面性充足という目標に他ならない。

一七〇

心という知が休息状態で何の目標ももたない時この思惟の直観は、単に、外面的に対象にとどまる、意識、になる、いわば、様々な諸局面に分散する集約されない客観に自分は居る、それに反し、知性の心となる思惟は良く客観という霊性を自分の心像に内化して客体と主体という自分を統一す。

主観という精神はどのように分化するか。

精神学一般において主観という自分が全体から切りとられその行為が、究明されるのが、精神現象学、になる。そして、それが分化して人間学独自のものとなって、個別性の心の動向を追うのが、心理学、になる。

主観精神は即自的で対自的だ、ゆえに、直接的で仲介されて在り、自分と他者、とへの同時的な帰入として在る、対面関係、もしくは、自分の特殊化・分化で自分のよりよい他者を、自分は生出す。この時、意識は思惟になり活動するもので、精神現象学、の対象となる。主観精神の尺度は、自分の内に在り、自分は自分を自分の定義で成立させる、そして、それは心理学の対象となる。

主観精神は自分を自分のなかで措置する主体的で積極的な基体だ。当面の目標に合致する自分の概念に、当今の素材という未完の概念を自分内に止揚させるべく、自分は自然からの独立的主観としてふるまう。この現在は、当然、単独の主我的活動の心という知にもとづく精神なるが故、心理学、の対象になる。心において分立している意識が出発し、自分を知性の理性として措置し、自分を自覚する理性となって、自分は自分の行動で自分の概念を淘汰しつつ自分を客観へと導く。

知性は、いわば、精神の基体なので自分は自分の他者となる外接的なものを統括している。心情・感情・意志・思惟は知性と連動してこそ意義を持つ、ゆえに、素材を具象する現在的理性性は、ただ、知性の普遍性においてのみ起りうるし感情の個別性のみでは起らない。万が一、感情が能力を持つ真実の類ならばそれの定義性による決定しだいとなる、そして、感情の中身が真実であるのなら思惟する精神を源泉とする時のみ、自分は理性として機能す。

知性たる悟性にとって重要なのは、自分が自分の他者たる諸能力という感情・思惟を集合的なものとし恣意的に設けた区分を取り払い、且つ、それらの結集力で自分は素材から表白を得るという認識に達する、に在る。唯一の統合的な理性が、自分の他者を集結させ表白という結実に導く、とされる。

或る表白にともなってこそ、ただ思惟する精神にのみ属する諸理念・神・仏という倫理性も情感される、ゆえに、ここでのこのような具象は、よりいっそう、知性の精神生活に密着する現在的で実行的で具体的な概念性の輪郭を備えた表白、とされる。

一七一

自分という精神は人間学で定義・決定されている肉体から離脱し独立している。心の知という精神は何にもまして能動的な行動の主体だ、この時、知は自分の知性・内像を形成・構成している概念の普遍性をなす理性性に居る、ゆえに、知は、出立では表白の契機となる自分という他者の感情・感覚・意志になる。このように、実践精神は自分を自分内で結果させる自分完成、になる。

精神は行動の意志として素材との対立という現在態に入りこむ、そこで、素材を昇華し自分の内像に同化・内化させる。このように、自分が自分に具象の内容を与えるのが対象からの独立になり拘束から解放された普遍的自由態という意志の精神に自分は成る、ゆえに、精神という理念の現実現在は、実在性の局面として段階的に充足している独立現在の個別性となる。

意志は、こういうものになる、と決定されるのが、いわば、定義性になる、このように、決定づけられた意志の様式が、自分の容姿という概念だ、そうはいっても、自分が自分に満足する・意志が意志自らによって満たされている、というのは単に精神の一局面に過ぎない、ゆえに、それは、中途の抽象的決定性になり終極的に結果した精神という理念ではない。

精神の有限性は区分されて在る、自分という個別の自由性になる。意志の有限性というのは、精神の自分の他者という地位にいて、それの発展途上での役割において限定されて自分という、意志、がいるという意になる。ここから意志の現在は自分の有限性の形式主義とされる。ゆえに、潜在的意志の定義は、段階的活動での形式主義自由を意志の現在へ持ちきたらす、になる。

心の知という精神にとって思惟は原動力になる、いわば、思惟は思考性というエネルギーになって自分の意志を素材へ向かうものとして、自分はそれに方向性を付与す、実践精神で、思惟と意志は、相互補完の関係にいて意志は自分を思惟するものにして客観へ向かう。そして、自分が客観から持ちかえるものは、自分の内像へと溶解していく。

知性は客観の運搬者になる。客観を外化という行為で認識・証し、認承、のうえ自分内へ回帰し進行しつつ客観という質料のなかで自分を想起・追想し内化を完了して、自分は自分の内面性を客観として知る知性となる。

実践的精神は、自分の内面的な本性・自然のなかで定義された個別性の感情、として自分が決定されたのを知るによって、自分は実践的精神という主我的感情になる。潜在的・自体的に、自分は進行・進展していく主観性に他ならない。倫理の感情や心情的普遍性を含むのが主観、として区分される。

一七二

感情は精神の他者に在って素材に対して能動的で、且つ、先取的となる。感情は感覚になり実践的精神の先兵だ。悟性は或る局面でひいでているとされるが感情の下位に居る。そうはいっても、ただ何となく、それはそれの概念、いわば、輪郭において全体性であるに過ぎない、さらに、感情は劣悪ともなり得る、ここから、それは主観の一員になり局面的なもの非本源的なものにもなる。

心の知という精神はいくつもの自分の他者を持つ。それの理性性のものは知性ともなり客観性ともなる、悟性は或る結実だ、思惟は或る行為になり局面的なものとしての結実でない、ここから、思惟されたものとして現在する理性性のものは、よい実践的感情がもつものと同じだ。感情は意志と連動す、両者の在るべき現在態はそれらが客観へ向かう時のみ生ずる。感情単独では、真に、現在的理性は生じないし知性の普遍性にのみ発展的な理性が生じる。

何といっても、静止的な悟性と違って、感情は動的で主体的に主観という個別性の表白を永遠性の形式になすべく端初を切りひらく先駆になる。

感情のみの個体性では表白には達しないが、自分全体を統一する理性が、意志・思惟を、コントロールしてこそ倫理というような理念が結果す、感情に端を発し思惟する精神は主観に属した主要な図式だ。

生命というのは、当然、死すべき概念か。

生命や精神やは、元来、永遠性のものとして在るべきとなる、にもかかわらず、このとき精神の有限性として排除されるべき悪が在る、それで、生命や精神やの判断、いわば、根本的分割により、自分の他者を、自分は追放す。ここから、精神の自我性という概念は、自分の苦悩を昇華していく闘争に入る。

一七三

心の知という精神は自然に在るもので知性性の理性だ、理性は単に在るに過ぎないものではない、自分は永続性のもので外接的に新たに生きようとす、それによって、主観は素材と進歩的に融合し統一体で存命す。ゆえに、意欲する意志はこの理性であり、自分は衝動という分化に活動を委ねる。

総ての存在について言明するのは、決定性・定義性になる。対象はこういう容姿になり枠組・輪郭は、このように決定される、となる。自分の目前に、素材として現在する決定性は、ゆえに、外接的で萌芽的な一契機、チャンスになる。

素材の初期における適合性は未熟という未完だ、素材の現在決定性は、それで、ほんのきっかけに過ぎず、さらに、自分という意志の自分内的決定が、この普遍性を昇華吸収し主観と客観の潜在的統一をもたらすべきだ。

何よりも、意志は自由な精神として永遠性の主体的な活動体だ、いわば、自分は思うとおりに動く恣意になる。主観完成という永続性表白は、自分のモットーとなる。中身たる体質という様式からみると、自分は自然的意志になり自分の他者たる自分の決定性と同一な、衝動、になる。主観精神の方向性は、発展的素材へ向かう傾向性のものとなる。

心の知という精神にとって、衝動と欲望は自分の他者だ。衝動は意欲する理性の一形式で、主観と客観との統一体が止揚されようとする対立からの出立という、一系統の充足を、現時点のものとして自分は持つ。このように、個別的なもので自分意識であって、主観なものと客観なものとの対立という未止揚に、自分は居る、しかし、宇宙という自然から切りとった個別性になり、あくまで、両者は永遠性という生命線上で不自由にかかわりない。

一七四

実践的感情は活動の主体となる、熱情、なので目標へという方向性を持つ、そして、客観と対立する熱情は、ある程度、自分の主観を脱しているもの、になり精神の理性性本源という基体をなす。

心の知という精神は、既に、熱情としても主観性の客観性という域に在るべきだ。それによって、真に対象たる素材を、自分のものにするような知性的本源を基体とするものに、この熱情は進展していく。ゆえに、精神は一方において客観を追う理性的本性だ、他方、主観的で個体的な意志という偶然性・特別性というような個別性の主体に自分はなる。

心の知という精神は、私的で偶然性という形式へ導かれる弁証に在る、いわば、偶然性は、ほしいままになり恣意になる。それに対するものは、必然性という客観になり恒久的で自分ではどうにもならない、自由でないもの、とされる。

偶然性は自分が欲するとおりという主観・主体になり、必然性は自分が及びがたい客観・客体になる。精神学はこの不可能を可能にするような死闘の思弁学といっても、あながち、過言でない。自由でない必然性というのは厳として在る宇宙で、且つ、宇宙のリズムになる。偶然性という主観たる精神が、自由に扱えないのがこの自由でない必然になり、この客観たる素材という客体を、主観は昇華して自分のものとす。

精神学において、精神という自分が自由を得る過程を主観活動の一つの局面とし、この行為を論証する、いわば、表白行為を具象する弁証法を、思弁学が考案するによって、ここでの精神が拠って立つ地盤が或る成果として手続上からも演繹される。

一七五

心の知という主観が自由を得るというのは、不完全で部分的な対象との統一にもかかわらず、それにより、自分が満足を得るのと同義だ。宇宙の呼気を自分にとりこみ、そして、自分の小宇宙をそれによって満たすという手法・手続きにおいて、自由の意味をさぐる演繹に、精神という自分は帰着す。心の知という精神は自分意識を持つ、自分はこう在りたい、そして、自分の概念を思惟する意志が、自分に関して実質上持つ普遍的定義性に、この意識は居る。ゆえに、自分内のこの心的現象が、意志に拠る任意の自分定義作用とされる。

理念は活動・行動の産物だ。有限とは、或る無限から切りとられた、概念として、自分は把握せざるをえない、ここから、有限な意志も客観的精神、とされる。このように、区分された個別的意志となるからこそ有限になり、自分が自分の活動で、自分は有限なものとして或る客観的精神へ脱皮す。このように、有限の意義は、決定されて在るもの定義されて在るもので、個性を付与されている一つの独立体に求められる。

理念は、既に、主観を脱している。有限な意志は、段階的に、理念を進展させ生成す、このように、自分を展開さす理念の中身を、現在の現実態として措置するのが、この有限な意志の行動に他ならない。

有限な意志は演繹をこころみる、自分が持つ概念を順次論理的に進展させ、それによって、理念・客観性の意義を、当該事例に即して尋ねもとめ、自分は素材の内容を結果させる、ゆえに、この有限な意志は、切りとられ表白される局面性の客観、として成立す。

心の知という精神は、自分を発揮し開花させるという意味で、純粋、となる。自分が純粋でいるからこそ個別性の自由それ自体を自分の目標とし中身もそうなるによって、自分は具体的・具象的になる、ゆえに、この純粋主観性は自分の決定性として永遠無限な定義性に居る。

精神の自分に関する内面的な自由はいかがなものか、精神は未来志向性という発展性ゆえに自由だ。こういう意志の自分決定を為す真実態では、自分が統一体を表白する意味において、自分が予感・予測する概念と対象・素材はイクオールになる。

意志の自分定義は、自分の現在・現実在はこう在るべき、だと決定されるに在る、ゆえに、この真実態のとき意志は現実的・現在的に自由となる、この時点で、自分の心像として在る概念と対象は、同じとするから同じになるべき、とされるように推移するのが至当だ。ゆえに、意志が対象へ向かう時は外接するものの内容を実像化してこそ自分は自由を得る。

一七六

意志は旧来の偶然性をすてるによって、自分が措置した直接的・外接的個別性へ生成される、自分の殻をやぶり自分は普遍的定義のものへ進行す、この時、先ず意志は自分と向きあい自分を思考し自分の構成・しくみ、いわば、概念の充足を知る、独立的で進歩的な理性として、自分は普遍的定義の対象へ赴く。

知性という自分の概念は、今までの活動により培ってきた素養によって、知性という自分の基体が、或る程度まで高揚し対象たる客体を捉え止揚するに足る能力を持つもの、になる。ここから、この構成というのが、自分の骨格、いわば、総体・中身の基礎をなすものとなる。よって、準備的な概念なしには具体的な具象も在り得ない。

自分の概念は、いつでも、主観と客観の間を往来しているし永遠に客観を標的とす。

自分を思惟するとは、自分を検討し自分が自分に相談するをいう。

あの普遍的定義は、本当に、必然性という宇宙でもあって、そこのどこかを、自分は切りとり描出しそれに着色す、自分が自他ともに在る統一性の概念に達すればこそ、自分はこの宇宙を自分のものにし自由を得る。自分を自由なものとして知るのは容易だ、いわば、自分はどうにでもなるもの変革されるもの、となる。よし、自分はあの普遍性になってやるぞという布陣が敷かれた客観性、となる。自分の本源は、こうなっていくという定義や、この本源自体の完結をめざす精神が、自分となる。自分の本源を定義するとは、自分の概念の完結までこぎつけ、それを、自分が目前に観るをいう。いわば、自分の本源というのは、近い未来でも段階的な未来という遠方ででも、自分が完成すべきもの、となる。このようなものを期待する本源・本性が、絶対的精神、とされる。

一七七

意志の内的決定性は、自分はこういうものになる、自分はこういう目的を持つべき、として定義されるのをいう。目前に観いだされた外接的客観態が自分の目標、とされる。このような時、意志は、いわば、意識になりいろいろに現象する外的事物・外的現象に向かう。

意志の活動は、自分の任意による意図、いわば、自分が思うとおりに対象を描き、意志の概念、いわば、自分の構成・なりたちを外接的なものになげかけ投射するによって対外的・客観的局面で結実させ、それを、自分に内化させそれによって、あたかも、自分自身の概念と一致したかのように定義するによって、自分は自分の世界のものとす。

いくら、客観的精神が永遠性だとしても現実的生活において、理念という理性は何らかの結論を得、結実させる必要性にいる、ただ、それを永遠性だからといって放置しながめているわけにもいかない、宇宙を自然を詩的ルートにのせるなどして、この理性は表白すべきとなる。ここから、大宇宙から区分され小宇宙としている個別性というこの精神は有限性となる。

客観性精神は絶対性理念になり永遠不変の目標だ、それでも、活動せざるをえない個別性精神に転化するなら、この基体という内像において、単に、潜在的基本的に現在する絶対性理念とされるに過ぎない、ゆえに、日常の自分の生活に引きつけて考慮するなら、段階的な発展性として、客観的精神は理性という自分の内像に日毎に結実している。そして、主観という自分が客観をとらえ、自分との統一体を表白するによって、自分はそれの束縛から解放される。

主観という自分の他者はいうに及ばず、客観という全き他者の他者も、精神・理性として把握される必要が在るという弁証に、自分は迫られる。客観性精神の現在的理性態というのは、日常生活で、目前に現出する・現象する外面的・外接的事象という局面を呈す、ゆえに、個別性として区分され限定され任意に活動する意志に対して、現在している外的事物が発散している精神性が、客観性精神に他ならない。

自分たちは諸々の特殊なもの、として位置す、それに比して、宇宙や自然というのは黙して語らない、それで、何ら活動の主体ともなりえず、単なる普遍性として在る客体に過ぎない、いわば、自分たちは活動してやまない個別的精神の束になる。

精神学が究明し表白するべき対象は、たとえ、人間学的なものでも、個体的主体という観察者の目前に在る。そして、多種の要求による外接的精神で人間学的なもの、心理学による内観のもの・心の中をのぞくものは、除かれる、いわば、意識に対して現前し自分たちを特別なものとして意識するもののうち個別に発展するものに映る多くの他者が該当す。

一七八

意志の目的活動は、自分が目標とする客観を、自分の任意の概念により、より強固なものに構成するべくこの客観を、自分が止揚するに在る。

必然態の様態は在るべくしてあるもの、となる。そこから、この必然態のよりいっそう現在的な主観との関連は、いろんな任意定義の系統となる。外接的・客観的局面を、意志が希望する永遠的な概念としてつくりだす定義の世界、とされるによって、この概念は理念へと結果す。

個別的意志こそが即戦力となり知性的意志の活動に顕著な外接的立場、に進行す、基体的な知性的意志と活動的意志との統一は、いわば、自分という思惟の集中力の結実になり、自分の概念を、自分は外化するべく対象へと止揚しそれの内容を結果させる。

一七九

精神の概念というのは、いわば、自分のボディになりいうをまたない。人間学や心理学と違い形而上学では、この心という知における精神というのは、何にもまして、生きて活動する主語だ、ここから、対面的な対象となる素材という他者の精神をもパートナーとなし、それを、自分に回帰させて自分のものとなし、自分は自由を得る。

精神という自分にとって理念は、日々、対外的なものを昇華しつつ段階的に発展している或る概念性を形成す。ゆえに、理念の様態は、自分の一つの顔になりこの理念の発露で、外面的なものを起因とする、或る作品の完成が在る。このように、直接性という対象は限定性の区分された特性をもつ作品に寄与し、結果として、この対象という現象は有限性の生命を産む一助となる。

あとがき

精神学は、いわば、人間の本源をきわめるもの、となる。それには、はじめも無ければおわりも無い、といってもよい。どこから、出立・出発しても、理念という自分自身は、興味ぶかいし意義ぶかいもの、におもわれる。

私は、この一区切りを終えて、ほんとうに、そうだなとおもう。

精神学は自分完成、という永遠を志向していくものとなる。

今回も、発刊導入してもらった南方新社の向原氏と、いろいろ、校訂してもらった梅北さん他編集担当の諸氏に、私の心からの謝意を表したい。

用語解説

精神　理性・理念・理知・知・知性・意志・思念
　思惟・思考・観念・記憶・想起・予感・予測
激情・感覚・感情・感性・心情・心像・心性
　内像
表白　表現・表象・表出

参考テキスト

『精神哲学』上・下　ヘーゲル　船山信一訳　岩波文庫

■著者プロフィール

堀之内　武（ほりのうち・たけし）
1944年、鹿児島市にて出生
川内高校・法政大学日本文学科卒業
2016年9月30日、南方新社から詩集『追風』出版

応用精神学

二〇一九年一月三十一日　第一刷発行

著　者　堀之内　武
発行者　向原祥隆
発行所　株式会社　南方新社
〒八九二―〇八七三
鹿児島市下田町二九二―一
電話　〇九九―二四八―五四五五
振替口座　〇二〇七〇―三―二七九二九
URL　http://www.nanpou.com/
e-mail　info@nanpou.com

印刷・製本　株式会社イースト朝日
定価はカバーに表示しています
落丁・乱丁はお取り替えします
ISBN978-4-86124-995-2 C0010